A VIDA COMO UM PROCESSO DE APRENDIZADO

Um livro prático e importante que traz a síntese da saúde corporal, emocional e espiritual

Stephanie Merges

A VIDA COMO UM PROCESSO DE APRENDIZADO

Um livro prático e importante que traz a síntese da saúde corporal, emocional e espiritual

Tradução
ZILDA HUTCHINSON SCHILD SILVA

EDITORA PENSAMENTO
São Paulo

Título do original:
Der Dreidimensionale Mensch
Von der Polarität zur Einheit

Edição	**Ano**
1-2-3-4-5-6-7-8-9-10	94-95-96-97-98

Direitos de tradução para a língua portuguesa
adquiridos com exclusividade pela
EDITORA PENSAMENTO LTDA.
Rua Dr. Mário Vicente, 374 – 04270-000 – São Paulo, SP – Fone: 272-1399
que se reserva a propriedade literária desta tradução.

Impresso em nossas oficinas gráficas.

Sumário

Prefácio

Por ter a capacidade de usar conscientemente a vontade e poder interferir na formação da vida, o homem é uma criatura altamente desenvolvida. Quando percebe que o seu estilo de vida deixa muito a desejar e decide melhorá-lo, ele demonstra ter potencial criativo. Portanto, o verdadeiro homem tem a capacidade de usar a consciência, a compreensão e o poder de decisão.

A pesquisa da essência humana é bastante recente; atualmente, há interesse também na descoberta das suas dimensões mais elevadas. A história da psicologia que, de certa forma, pode ser definida como a história da compreensão da alma foi a primeira a pesquisar as formas mais simples da essência humana. E a ela se deve o fato de o homem ter sido confinado aos limites da prisão do seu ego, enquanto as dimensões superiores da sua personalidade foram consideradas fantásticas por não poderem ser comprovadas cientificamente.

A conseqüência desse raciocínio fez com que os psicólogos mimassem o ego dos seres humanos, deixando-o por muitos anos entregue a um comportamento infantil. As únicas pessoas reconhecidamente maduras pareciam ser os terapeutas. A humanidade foi classificada em pessoas "doentes" e pessoas "sadias", e quem demonstrasse interesse em aperfeiçoar a personalidade era rotulado logo de "pessoa doente".

Os mestres conscientes aumentaram seus esforços no sentido de mostrar que os homens dispunham de um livre-arbítrio e que era possível usá-lo na concretização dos seus objetivos. Tratava-se da descoberta do Eu mais livre e mais maduro.

As guerras que abalaram o mundo provaram que o homem vive preso ao egoísmo, à necessidade de poder. No entanto, o desejo pela paz aumentou progressivamente. A ânsia humana pela oportunidade de viver também os aspectos interiores mais belos da sua personalidade tornou-se cada vez mais evidente. Os homens começaram a falar uns com os outros buscando descobrir os motivos intrínsecos que estimulavam suas ações, além de procurar caminhos que os levassem a novas paragens. Surgiram novas preocupações, como a dos defensores da paz. Emergiram novos movimentos, como o dos jovens que pregavam "paz e amor". Cada vez mais se tornou evidente o desejo da alma humana pela expressão da beleza, da paz e do amor.

A psicologia começou a ver o homem como um todo composto de corpo, espírito e alma. Mesmo assim, apenas no final do século XX começamos a entender que inteligência não é o mesmo que espírito, mas apenas um dos seus aspectos; só então o homem aprendeu a estabelecer diferença entre a manifestação das emoções e das reações instintivas do corpo e a doação incondicional do amor.

Todavia, há "algo" superior nos homens, uma instância mais elevada, um cerne divino. Essa centelha luminosa é que lhes dá esperança e coragem para desbravar novos campos de atividade. Os terapeutas entenderam que podiam aprender muito com todo ser humano que trouxesse consigo a sabedoria, que conhecesse todas as respostas.

As pessoas que se dedicam à cura espiritual já conhecem, há muito tempo, esses inter-relacionamentos humanos. Elas vêem, como sempre viram, os homens como seres espiritualizados dotados de um corpo físico que serve como veículo para o seu posterior desenvolvimento. O verdadeiro âmago do Ser, o Eu superior, sabe que está ligado à sua origem divina e que se desenvolve a partir de vários aspectos da sua personalidade, as *personae*.

Quanto maior a identificação da *persona* com a própria essência divina, tanto maior a possibilidade de acesso ao tesouro de experiências que esta oferece e tanto mais livre será o Eu.

Os homens sempre usaram meditações e símbolos para ajudar e apoiar a cura do Eu. A psicologia transpessoal adotou esse raciocínio. A experiência de que existe algo de divino em todo ser humano e de que esse ''algo'' luta por libertação e união fez com que a psicologia continuasse suas pesquisas.

Se o ser humano quiser ser livre, terá de parar de lutar. Ele terá de se lembrar do aspecto essencial da sua personalidade e adquirir a coragem necessária para concretizar seus ideais.

Minha intenção ao escrever este livro foi tornar os aspectos isolados do ser humano bem evidentes. Meu desejo é mostrar os caminhos que levam à um Eu livre, à pessoa feliz que vive todos os aspectos do Ser e, assim sendo, se torna a criadora da própria vida. Isso só será possível à medida que nos reconhecermos como seres divinos, parte deste cosmo e filhos deste mundo.

O início

Mal acabara de me instalar confortavelmente na varanda para começar a escrever quando minha governanta me ofereceu uma fatia de torta de maçã com aroma apetitoso e disse: ''Quase não tem açúcar!'' Parecia que eu estava sendo recompensada por ter me decidido a escrever este segundo livro.

Desde o início aceitei conscientemente essa recompensa prematura. Afinal, além de organizar melhor a minha casa, eu havia esclarecido várias questões relativas tanto à minha vida privada como à minha vida profissional, cumprindo uma espécie de ritual antes de começar a escrever. Agora que tudo estava convenientemente esclarecido e resolvido, eu podia recomeçar o trabalho.

A atividade no meu consultório é muito intensa: as pessoas que vêm me consultar trazem problemas cada vez mais complexos. Atualmente, muitas pessoas perderam o rumo e descartam velhas normas de conduta, mesmo sem ter descoberto outras novas. O que faço então é ajudá-las a descobrir novas possibilidades que nos possam tirar desse caos, estabelecendo juntamente com elas novos padrões de procedimento. Como observadora exterior dos seus problemas, meu papel é mais fácil; no entanto, com todos os que me procuram em busca de ajuda, aprendo também a tornar a *minha* vida mais compreensível e organizada. É assim que estou aprendendo gradativamente a conhecer melhor a grande verdade.

Este livro se destina a aprofundar o conhecimento divulgado no meu primeiro trabalho.* Ele representará o passo seguinte no caminho para um Eu harmonioso.

Recebi tantas cartas, com tantas perguntas, e estou feliz por descobrir que muitas pessoas adquiriram esperança ou coragem para tomar as rédeas do próprio destino com a leitura do meu livro; aprecio o fato de os meus pensamentos lhes terem comprovado a existência de uma sabedoria interior inata.

Desejo contribuir com a minha parte para o aparecimento de uma nova consciência neste mundo – uma consciência que não se posicione contra os semelhantes ou contra o mundo e a vida, mas que una todos os homens entre si, com o mundo e com o cosmo.

---

* Stephanie Merges, *Du bist mehr, als du denkst!* [Você é muito mais do que imagina!], Goldmann TB nº 11841.

1. O ser humano é complexo

Para os budistas, o lótus de mil pétalas equivale à consciência superior. É reconhecido como o símbolo da multiplicidade, que deve ser expressa da forma mais nobre e harmoniosa, ou seja, deve-se viver a multiplicidade.

Aqui, o contrário de multiplicidade é simplicidade. A afirmação paradoxal, ''Ele é um bitolado'', esclarece muito bem a expressão de multiplicidade. Uma pessoa que só vê um lado das questões provocará demora na realização dos planos.

Se você posicionar o seu pensamento numa única direção, se admitir uma única possibilidade, se considerar correto apenas o que já conhece, se a variedade de aspectos da vida o deixar inseguro, nada mais terá do que uma vida monótona. Todavia, se tiver imaginação, se for criativo e original, você encantará os seus semelhantes. Você tocará todos os tons da escala melódica da vida. Se juntar esses tons harmoniosamente, fará da sua vida uma canção.

Quando as cordas do piano desafinam, é preciso mandar afiná-las outra vez. Quando não se tem um ouvido suficientemente apurado, é preciso buscar ajuda, tanto para poder tocar sem desafinar como para simplesmente tocar. No entanto, se a pessoa não perceber os tons desafinados da melodia, a sua canção – a sua vida – será desarmônica. Portanto, convém você parar de vez em quando e prestar atenção às notas para verificar se não há alguma corda desafinada!

Você dispõe de mais de uma tonalidade na vida, de muito mais teclas do que apenas as brancas e as pretas do teclado, todas dispostas nas mais diversas seqüências. É por isso que lhe cabe a opção de dar uma conotação dramática à sua vida ou então de tocá-la adiante de modo harmonioso e despreocupado. Por certo viver apenas dramas ou se dedicar unicamente aos prazeres acaba por se tornar monótono. Assim sendo, aproveite os graves e os agudos, os tons intermediários, os acordes e os sons isolados, muito claros e vibrantes. Torne-se um virtuose. Deixe que a alegria e a despreocupação, e também a plenitude e a força, entrem na sua vida.

Abra a sua consciência para um espectro mais amplo de sons. Há várias maneiras de preparar um jantar, de se divertir à noite e de amar um outro ser humano. É a variedade de opções que compõe a trama da sua vida. Se ela é dramática, é porque você mesmo se decidiu por essa possibilidade; se ela é superficial, foi você quem a quis assim.

Não são necessárias linhas tortuosas para ser original. Também não é preciso dançar na corda bamba. A força não se expressa apenas através de expressões de poder, de atos de violência ou de músculos fortes. A verdadeira força independe da força muscular: ela se revela na vontade determinada ou, ainda melhor, por um espírito lúcido. A verdadeira força não precisa do poder. Quando usamos o poder contra pessoas que confiam em nós, estamos malbaratando a nossa força e teremos de pagar o preço por isso.

Você tem acesso a vários aspectos da vida. Faça uso deles e os aperfeiçoe! Não importa que os campos escolhidos ainda não estejam em perfeita ordem. É isso que lhe dará a oportunidade de aprender; com o aprendizado vem a chance de melhorar a qualidade de vida. E ninguém lhe pedirá contas pelo fato de você não se destacar no que resolver fazer. Afinal, você dispõe de outras possibilidades que o tornarão digno de amor e de respeito.

É claro que você não deve repousar sobre os louros da vitória sobre suas fraquezas. Tudo pode ser melhorado sempre – experimente, vai valer a pena!

Você decide o ritmo da sua vida

Vivemos atualmente numa época de transformação. Se muitas das regras de convivência nos pareciam convincentes anos atrás, isso no entanto se modificou bastante. Se certas máximas eram tidas como definitivas – por exemplo, "quem for rico terá respeito e poder", "lugar de mulher é na cozinha", "os homens sustentam a casa e por isso são mais importantes", "o pai sempre tem razão", "toda sogra é má", etc. –, hoje vemos as coisas de outro modo. E pudemos comprovar: é com esforço que muitas pessoas alcançam a fama, pois não foram só as privilegiadas que receberam uma boa educação. As mulheres tornaram-se mais conscientes, tomaram as rédeas da própria vida nas mãos e fazem suas exigências aos homens. As crianças passaram a ser vistas como seres humanos valiosos, com capacidade de tomar decisões em conjunto com a família. Os sogros têm seus interesses próprios, parecem mais jovens e dinâmicos e geralmente são considerados amigos do casal. Qualquer comportamento de imposição para com os outros só desperta resistência e é visto com desconfiança.

Dez anos atrás, a técnica nos parecia o fator mais importante. Atualmente, sabemos que ela fez com que perdêssemos parte da nossa humanidade. Acaso devemos questionar tudo, só por causa disso?

Creio que chegou a hora de não avançarmos mais às cegas rumo ao futuro, nem de ficarmos valorizando o passado. Chegou o momento de parar e de refletir, cada um por si:

• Onde estou? – Como estou? – Como me sinto?

Só depois que você responder a estas perguntas, será possível dar um passo significativo para a frente.

• Aprecio a minha posição? O lugar onde vivo – o meu nível de vida?

• Gosto da minha aparência física? Do meu sucesso – da minha parceira?

• Acaso reajo como gostaria? Emocionalmente – diante das várias circunstâncias da vida – com dignidade?

Poucos de nós estão satisfeitos. Se você estiver entre os descontentes, faça a si mesmo as seguintes perguntas:

• O que posso fazer para me sentir bem?
• Será que basta redecorar minha moradia?
• Ou talvez seja melhor comprar uma roupa nova ou um novo tapete? Será que devo entrar para o seminário?

• Será que o ambiente onde vivo – o país, a firma em particular – é adequado para mim?
• Será que as pessoas daqui irritam meus nervos?

Também pode acontecer de você não estar se saindo bem no seu relacionamento afetivo. Então estas são as perguntas apropriadas para você:

• O que faço de construtivo para o nosso relacionamento?
• Ultimamente tive alguma idéia nova?
• Acaso faço alguma coisa para que os meus desejos sejam atendidos?

As mesmas perguntas que se prestam para elucidar relacionamentos afetivos servem para resolver questões relativas à profissão. De nada adianta lutar de manhã até a noite, fazer o que se espera de nós. Para se sentir bem é preciso haver interesse pelo trabalho.

Use a sua personalidade e as suas aptidões. Faça sugestões, pense em melhorias e apóie o seu parceiro – quer se trate do sócio, do chefe, do aprendiz ou do cônjuge – com o seu procedimento criativo e ativo. Logo constatará que se sente mais leve e melhor e que o astral do ambiente onde vive melhorou.

A que se deve isso? Você fez com que pudesse se orgulhar de

si mesmo; os outros respeitam as suas idéias ou a sua originalidade. Você se destaca da multidão e procura melhorar as circunstâncias de vida. Isso faz com que a sua vibração interior se eleve cada vez mais. Você se torna mais livre, mais autoconfiante e começa a valorizar os que antes eram seus parceiros do medo, ou rivais.

Se preferir usar truques, acabará complicando a sua vida. Se caminhar por vias tortuosas, só aparentemente chegará à meta – e o caminho é longo.

Quando queremos ter os desejos atendidos à força, a violência passa a desempenhar um papel importante na nossa vida (reveses e acidentes violentos, doenças virulentas e emoções descontroladas).

Quando se usa os outros para construir o próprio império, acaba-se por precisar deles para sobreviver.

Você ocupa a posição na qual você mesmo se coloca. Se enganar os outros, com certeza será enganado também. Não será enganado pela mesma pessoa a quem enganou, mas sempre pagará por ter faltado com a verdade.

Entretanto, se você se abrir para a vida, se colocar as suas aptidões a serviço dos outros, o prazer, a alegria, o reconhecimento e o sucesso surgirão como por encanto.

Torne-se receptivo à alegria, à verdade, à luz, ao amor, e abra suas portas às pessoas – viva e cresça à medida que vive com os outros! Descubra conscientemente a beleza que o cerca por todos os lados!

Tente dar os passos isolados que aconselhei, mas tente com seriedade. Escreva as perguntas numa folha de papel e responda uma após outra.

Enquanto não estiver contente com a vida que leva, hão de surgir constantemente novas perguntas nos pontos controvertidos em questão.

Descubra o seu caminho! Descubra-o passo a passo!

Crie você mesmo o seu mundo

Já sabemos que terá de lidar com as circunstâncias da sua vida. Você pode modificá-las e, na direção dos seus desejos, dar-lhes a qualidade que realmente quiser. Tentar responsabilizar os outros pela sua situação – seja os pais, a esposa, o marido, ou os colegas, etc. – não o fará dar nenhum passo para a frente.

Por certo há situações que o deixarão momentaneamente descontrolado. Naturalmente, separações, procedimentos egoístas dos outros ou de uma pessoa em quem confia, um acidente ou outras situações extraordinárias podem tirar o equilíbrio de uma pessoa. Contudo, mesmo nesses casos, é possível prever a situação através de certos sinais, basta prestar atenção; dificilmente as pessoas mudam subitamente de comportamento. É você quem está em certa freqüência vibratória que permite essas formas de comportamento. Antes de mais nada, nunca tente interpretar uma pessoa, atribuindo-lhe qualidades que ela não tem!

Observe-a antes e decida se é possível conviver com ela nesse comprimento de onda, a longo prazo. Essa pessoa não se modificará só porque você o quer. Para que haja essa modificação, terão de ocorrer determinados acontecimentos que abalem interiormente essa pessoa a ponto de modificá-la. A sua opinião de que "eu nunca faria isso que você fez!" não adianta nada, e muito menos altera a situação, pois, seja como for, essa pessoa continuará fazendo as coisas a seu modo.

Há pessoas muito diferentes de você; além disso, você pode se defrontar com outras destituídas de ética. Exteriormente, elas podem parecer muito convincentes. Mas, infelizmente, ao que parece, elas não conseguem manter suas "boas intenções" porque lhes falta o necessário nível de aprimoramento. Se você ouvir ou olhar com atenção, logo conseguirá perceber quem são essas pessoas. Então, a coisa mais sensata a fazer é desligar-se delas a tempo, em vez de provar o inevitável desapontamento futuro. Além disso, a distância será mais fácil agir ou até mesmo ajudá-las do que se você estiver "bem no centro" da trama ou envolvido na situação.

Os apaixonados não conseguem fazer isso. Eles vêem o mundo através de lentes cor-de-rosa, e cada um procura aparentar o que de fato gostaria de ser. O encontro acontece num clima descontraído e alegre, em que ninguém espera muito do outro, e cada um pode ser original, pois representa uma novidade para o outro.

Mas, assim que passa essa fase e a rotina se impõe, muitas vezes a verdadeira natureza da pessoa se torna visível de repente. Ela bem que gostaria de ser sempre boa, nobre e amorosa, porém não consegue. Ainda não. Ela representou um papel a fim de ter sucesso com o sexo oposto e descobriu um jeito de se comunicar, na verdade bem diferente do seu próprio estilo, embora se aproxime do ideal que imagina e com o qual pretende agradar os outros.

É aí que começa o drama: tanto para a própria pessoa como para os que convivem com ela. Exteriormente, ela prega o ideal que gostaria de atingir, mas seu comportamento não corresponde às suas afirmações. Quem conviver durante tempo suficiente com ela, logo perceberá as discrepâncias e reagirá. Resultado: repreensões, críticas e brigas.

Como, em última análise, o ser humano quer ser nobre, há vários modos de ele reagir:

- Ele admite que suas ações não têm o desejado nível de moralidade e tenta melhorar. Isso requer autocontrole.
- Ele não reconhece as próprias falhas e, ao contrário, põe a culpa no companheiro. Essa é a posição mais freqüente, pois se trata da atitude mais fácil. Seja como for, não traz progresso e só bota mais lenha na fogueira.
- Ele não admite que procedeu mal e não quer melhorar o comportamento; em vez disso, começa deliberadamente a mentir ou a arranjar desculpas e explicações nas quais nem ele mesmo acredita.
- Ele sabe que procedeu mal e usa a mentira conscientemente. Esse tipo de procedimento não deve se tornar um hábito, pois enfraquece e modifica a própria energia, tornando-a negativa.
- Ele sabe que procedeu mal, mas banaliza a situação e depois põe a culpa no outro. Neste caso, ele engana antes de tudo a si mesmo.
- Ele sabe que procedeu mal, mas não confessa o fato nem a si próprio; inventa desculpas ou tenta convencer os outros com explicações que lhe garantam uma opinião mais favorável dos outros. Aqui estamos lidando com uma pessoa de caráter fraco, carregada de energias negativas. Aconselha-se o máximo cuidado, pois numa pessoa assim não se pode confiar.

O dramático da situação é o fato de a pessoa desejar ser boa e de se sentir desmascarada. Agora alguém conhece o seu segredo. Pessoas que têm uma boa vibração sabem que há a chance de começar de novo e aceitam auxílio, oferecendo-o também aos outros. Portanto, a força vital inerente às pessoas pode ser manifestada do modo como elas querem expressá-la.

Nossa postura, a nossa língua, o modo como organizamos as nossas atividades; a forma do nosso corpo e rosto, o formato das nossas orelhas, a maneira de lidarmos com os animais, nossa intenção de fazer as coisas, tudo isso revela o nosso Eu interior. Claro que é mais fácil ver tudo isso nos outros e muito mais difícil analisar nossos traços característicos. Mas é por eles que devemos começar, se quisermos aperfeiçoar nossa vida.

Fique em pé diante de um grande espelho, de modo consciente e completamente nu, isto é, se tiver coragem. Olhe bem para o seu corpo. Ele é bem-proporcionado? Há equilíbrio entre os membros, ou a sua cabeça é grande demais? Seu peso se concentra na parte inferior do corpo, naquela que o prende à Terra? Observe o seu corpo sem avaliá-lo. Acaso parece carregar um peso sobre os ombros? Por que não se livra dessa carga? Seus ombros estão curvados como se carregassem uma carga de 10 quilos? Ou sua postura é descontraída? Sua integridade interior é expressa pela sua postura?

Analise em seguida as orelhas. Se forem demasiado carnudas, convém fazer algo pela sua libertação interior. Existe alguma "dobra" em algum lugar do corpo ou, melhor dizendo, um bloqueio? Tente pensar sobre qual âmbito da sua vida parece estar bloqueado.

Contudo, tudo isso não passa de instrumentos destinados à sua auto-observação. Usá-los para analisar outras pessoas sem ter a habilitação necessária fará com que se torne um membro da sociedade dos embrulhões e das pessoas desonestas, que nadam a favor da correnteza. Seu subconsciente lhe dará informações sobre as outras pessoas, pois o seu lado sábio lhe diz exatamente com quem está lidando. Assim, convém ouvir o seu íntimo, sua sutil voz interior.

A energia com a qual você lida e que determina as ações dos outros faz parte da vida *deles*. Isto significa que essas pessoas reaparecerão na sua vida. Você não só aceita a mentira dos outros, mas o seu próprio procedimento também é mentiroso. O que você enviar aos outros com certeza receberá de volta. Se enganar alguém, também será enganado. Se lesar os outros, também será lesado. Portanto, o engano não vale a pena. É muito melhor ser franco e receptivo.

Muitos não compreendem bem que o estilo de vida que levam na verdade em nada contribui para melhorar a própria vida. Aquilo com que preenchemos o tempo, o tipo de preocupação que temos, define o teor da nossa vida. Isso parece tão lógico e simples e, no entanto, ninguém o admite no *seu* caso particular.

É por isso que se dá tão pouca importância ao fato de as pessoas enganarem o sócio nos negócios, os colegas de trabalho, o companheiro escolhido para a vida, embora estes tenham sofrido alguma espécie de dano e se sintam lesados. Nesses casos ouvimos as pessoas usar expressões como: "Mas isso na verdade não vai magoá-lo." Essa afirmação comprova que quem a pronuncia não vive pregando de fato a paz, e que o amor pouco lhe interessa. Impera então o egocentrismo, não se vive o lado espiritual. A energia se transforma numa força negativa.

Nesse caso, as palavras são vazias de sentido, não há como dar o dito pelo não dito. A vibração dos seres humanos se encontra num nível muito baixo. Por essa razão, as circunstâncias da vida não conseguem ser luminosas e repletas de calor humano.

Ao âmbito material, à energia de baixa freqüência, chamamos desenvolvimento lento, luta. Contudo, todos queremos chegar à luz, e luz significa leveza. Quem lida com energia luminosa não precisa mais lutar. As portas se abrem, os caminhos também. Assim que sentimos as vibrações alheias, podemos recusar aquelas que destroem a harmonia. A partir desse momento, a ética é natural tanto nas nossas palavras como no gestual e nas ações.

Por isso, preste atenção nas intenções que o levam a perseguir algum projeto. Acaso ele será benéfico também para os outros, ou causará prejuízos a alguém? O projeto é bom para todos os que dele participam?

Você deve fazer a si mesmo essas perguntas importantes toda vez que tiver de agir, quer se trate de um empreendimento no âmbito pessoal, quer se trate de algo na esfera profissional. Essas perguntas o ajudarão a fazer fluir energia luminosa para o seu projeto.

Há pessoas que gostariam de ser esotéricas, outras que nadam nas ondas do movimento *New Age*, mas reagem da seguinte maneira quando terceiros enfrentam uma situação das mais difíceis: "Ora, o problema é deles!"

Essa é uma reação errada e nada afetuosa. Na verdade, os problemas surgem quando alguém usa as energias de forma inadequada. Os outros, no caso, são meros espectadores, a situação só os atinge até certo ponto. Temos a tarefa de observar melhor a freqüência vibratória do nosso parceiro no futuro para poder melhorá-la o quanto antes. Todavia, a pessoa que agiu mal é quem receberá de volta o impacto energético da situação criada por ela mesma. A curto prazo, essa pessoa pode até ser bem-sucedida, mas nunca a longo prazo.

Portanto, decida-se logo, enquanto é tempo, pela forma de energia com a qual quer viver. Não tente interpretar os sentimentos das outras pessoas, avaliando-as como não são. Pode ser que desejem ser exatamente o que aparentam, mas talvez tudo não passe de uma fachada porque ainda não puderam modificar a situação.

Siga a sua intuição!

Pouco tempo atrás, fui procurada no consultório por uma jovem funcionária, que me fora enviada pela sua chefe, embora ainda estivesse no período de experiência no emprego. Parecia um anjo, e me disse que as suas intenções eram as melhores. No entanto, sua letra rabiscada e desarmoniosa me chamou a atenção desde o início. Outra coisa digna de nota nela era a flacidez do seu corpo, principalmente na região dos quadris, apesar de nunca ter tido filhos. A isto somava-se uma forte dependência dos pais, que a sustentavam financeiramente até o momento. Ela era um tanto infantil, demonstrava comportar-se como uma moça ingênua, embora fosse inteligente. Através da terapia, consegui que me contasse sobre sua constante troca de parceiros sexuais, embora de início acentuasse bastante o fato de estar aborrecida com os homens e não querer ter nada mais a ver com o sexo oposto. No passado participara de experiências de sexo em grupo, além de ter sofrido vários abusos traumáticos de seus parceiros, principalmente quanto a dinheiro. Seus melhores amigos lhe haviam roubado folhas e talões de cheques. Como se isso não bastasse, estava sujeita a problemas constantes de pele e tinha uma ferida de difícil cicatrização na mucosa genital.

Durante a terapia, tentou continuamente manter o controle intelectual sobre os acontecimentos, ficando na superfície de todos eles, como se não pretendesse que eu visse o que se escondia sob a sua fachada. Ela mantinha essa fachada à custa de uma maquiagem pesada, bronzeamento artificial e camadas de pó facial. Havia-se mudado para outro bairro para poder reiniciar a vida e se afastar tanto quanto possível do passado. De modo geral, as pessoas confiaram nela e lhe deram uma oportunidade. O maior apoio era dado pela sua empregadora, que havia reconhecido as discrepâncias da sua personalidade e gostaria de ajudá-la a recuperar a estabilidade interior. Por isso ela nos procurou, infelizmente tarde demais. Não era possível fazer um milagre em tão pouco tempo.

Em apenas dois meses, esse pretenso "anjo", sem pestanejar e obviamente sem o menor escrúpulo, fez com que o companheiro de sua chefe a abandonasse. Ela de fato se vangloriava dos conhecimentos que tinha dos homens, os quais, no entanto, nada significavam para ela. No âmbito profissional, logo deu vários desfalques financeiros. Assim que percebeu que a chefe apreciava o seu trabalho, exigiu participação nos lucros.

O que se torna claro neste caso? O desequilíbrio da personalidade dessa moça logo ficou evidente na sua escrita. Carência de formas definidas foi detectada tanto nos tecidos conjuntivos como nos lóbulos das orelhas.

A discrepância entre a razão e os sentimentos se revelava na estrutura do corpo. Os traços infantis do rosto da moça logo revelaram que lhe faltava profundidade de caráter.

Ela só podia manter a bela fachada exterior por pouco tempo;

em seguida, a ânsia de reconhecimento e de sucesso se tornava excessiva por causa de seu narcisismo doentio.

Jamais conseguiu atingir os pais, muito dominadores; então se vingou na imagem da chefe, que também exercia uma grande influência sobre ela. Contudo, no caso da chefe, sentiu-se suficientemente forte para interferir na sua vida pessoal, roubando-lhe o parceiro, ocupando junto dele o lugar que antes fora dela (o lugar da mãe). Exigiu essa posição como se fosse um direito natural seu, pois se considerava uma parceira muito melhor para o "pai".

Deve-se considerar a supervalorização da própria pessoa ("eu sou a maior") como uma compensação. Já que considerava a fachada exterior de suma importância, deixou de ver que seus limitados êxitos profissionais se deviam à chefe. Porém, como estava habituada a tirar proveito das pessoas, principalmente da mãe, achou a atitude da chefe mais do que natural.

Neste exemplo, é de grande importância notar que a moça foi enganada pelos amigos em quem confiava. Esse padrão se tornou visível no seu comportamento sexual. Ela repetiu em outro nível o que considerou uma experiência traumática no âmbito da sexualidade.

O constante retorno da sua doença era motivado pelo fato de a sua alma desejar emitir um sinal. No entanto, ela se fechou às mensagens do corpo e da alma, chegando a responsabilizar a chefe por ter perdido o emprego.

A chefe, por sua vez, teria evitado uma desilusão, se desde o início tivesse prestado atenção aos sinais, em vez de se deixar envolver pelas belas palavras da moça.

Portanto, tenha sempre a coragem de seguir tranqüilamente os seus sentimentos. E quanto antes, melhor. Atenda aos sinais de alerta. Analise todas as circunstâncias e procedimentos na sua vida. Se você fechar os olhos e os ouvidos, significa que não quer ver nem ouvir nada. Simplesmente, quer acreditar no que lhe estão dizendo de modo tão maravilhoso.

De fato, é muito nobre imaginar somente o melhor acerca das outras pessoas, esperando delas exatamente aquilo que se gostaria que fosse verdadeiro e mantendo as coisas nesse nível elevado; contudo, trata-se de uma grande tolice deixar de prestar atenção aos sinais.

Você não pode modificar uma pessoa; a única coisa que pode fazer é ajudá-la a evoluir. De que forma e em que momento ela fará isso dependerá da natureza interior dela.

Não se pode esperar que uma pessoa cuja energia se mantém reprimida no corpo persiga grandes objetivos morais. Até chegar nesse ponto, ela tem um longo caminho a percorrer; portanto, se você conversar com ela num nível muito elevado, é provável que não entenda o teor das suas palavras. Ela só é capaz de "interpretar" o que ouve segundo a "própria evolução" e dará ao que ouvir um outro sentido que não o pretendido por você.

Todavia, isso não quer dizer que você só vá ao encontro dos outros mostrando uma atitude cética ou analisando as afirmações primeiro pelo lado negativo. De todos os pontos de vista, você deve ser tão honesto quanto puder. Ouça tudo o que lhe disserem, seja lá qual for a situação, com a melhor das intenções – contudo, mantenha os sentidos alerta. Inclua o seu *nível próprio de vibração* ao interpretar a intenção dos outros. Se estiver aborrecido no momento, não estará na melhor condição de harmonia entre corpo, espírito e alma, mas prisioneiro do seu Eu. Aceite esse fato e tente modificá-lo. Pense no seu sofrimento, quer de natureza física quer moral, e saiba que no momento precisa de cura. As feridas na alma costumam ser justamente as mais profundas.

Para alcançar os níveis de energia mais sutis, você precisa se tornar um observador mais atencioso, aprender a ficar a distância dos acontecimentos e se tornar mais objetivo. Se conseguir registrar no tempo correto em que nível de evolução está a outra pessoa, também poderá constatar onde estão as limitações dela e, assim, saberá em que aspectos terá de se esforçar para compreendê-la.

Todo ser humano, inclusive você, vem com uma missão de aprendizado. Uma pessoa ainda está aprendendo a calcular um vezes um, enquanto outra já domina a álgebra. Não é preciso julgar ninguém, apenas comprovar que isso é verdade. Afinal, ninguém esperaria que um aluno da primeira série colocado numa classe de formandos conseguisse acompanhar o nível de ensino destes. Aprenda a ver o âmbito da sabedoria interior e dos seres humanos com os mesmos olhos.

De nada adiantará você dizer, depois que alguém cometeu algum erro, que essa pessoa se comportou como uma criança egocêntrica. Você já sabia antes que ela agiria assim. Você é quem decide, no futuro, se deve aceitar as pessoas da forma que são e se assim pode conviver com elas. Melhor antes separar-se delas como amigo do que tarde demais, como inimigo!

Os opostos se atraem

Agora me ocorreu que muitas vezes no passado fiquei fascinada por pessoas que eram exatamente o meu oposto. Elas tinham o poder de me fascinar porque o modo como lidavam com o mundo e com a vida era diferente do meu. Eu as fitava admirada e mal conseguia compreendê-las. Atualmente, trata-se muito mais de um conhecimento e de uma observação.

Não creia que, por ser diferente, o outro seja um perfeito complemento para você. Convém aqui perguntar: "No que essa pessoa é diferente de mim?" Em seguida você decide: "Esse modo de ser será um acréscimo útil à minha maneira de ser ou não?"

Contudo, sempre convém ficar claro que se trata de dois pólos, portanto, de uma dualidade. Se esses pólos se fundirem formando um todo, haverá uma simbiose; no entanto, se eles servirem desinteressadamente um ao outro, em benefício talvez de um terceiro, haverá uma síntese.

Uma pessoa introvertida pode sentir-se atraída por outra que é animada e divertida. Através da animação desta, aquela talvez possa sair da sua carapaça e, em troca, lhe transmitir sua calma tranqüilidade e proteção.

Todavia, a coisa muda de figura quando essa pessoa extrovertida usa belas palavras com a intenção de manipular as outras. Neste caso, a introvertida pode sofrer, correndo o risco de se transformar numa presa para a outra.

Assim, é extremamente importante observar muito bem e depois tomar uma decisão. Para ajudá-lo a se decidir, as perguntas seguintes são da maior valia:

- Posso viver com isso?
- Acaso quero viver minha vida da mesma forma que essa outra pessoa?
- Serei suficientemente forte para agüentar as conseqüências desse tipo de vida?

No entanto, se você não sabe o que quer, não deve ficar surpreso se depois acontecerem fatos desagradáveis (aparentemente surpreendentes). Decida-se a tempo! É muito mais seguro observar uma possibilidade de alegria a distância do que se enredar numa parceria e depois sair ferido desse relacionamento. A uma distância conveniente, você pode apreciar as artes mágicas de um equilibrista, quem sabe até ajudar a recolher os cacos mantendo um sorriso nos lábios. Como pessoa implicada, o espetáculo se realizaria à sua custa.

Mas, se você acredita que essa pessoa é a sua outra metade e vocês podem se apoiar reciprocamente, então diga "sim". Decida-se com toda a certeza por ela. Dê-lhe o melhor que possui: o seu conhecimento, a sua confiança, a sua alegria, o seu amor – use todo o seu talento nessa relação, pois existe uma chance verdadeira de dar certo.

Toda metade perde substância. Não espere demais que a outra pessoa se transforme na pessoa que você quer. Você deve apoiá-la no desejo de ser como *ela* quer ser. Observe-a bem e só depois decida-se. As vibrações pessoais do ser humano determinam a qualidade e as circunstâncias da vida, pois suas ações estão impregnadas dessas vibrações.

Você pode verificar esse fato: a postura, as expectativas, o modo de ser também são determinados pelas suas vibrações. Você pode melhorá-las conscientemente, mas só poderá influenciar os outros por meio do seu exemplo. Eles decidirão se as suas vibrações agradam ou não.

Enquanto você se mover no âmbito da competição ou com a idéia de obter vantagens, a vibração da sua energia será baixa. Assim que tiver confiança, pensamentos positivos e impulsos construtivos para um relacionamento, as energias se tornarão mais claras, mais leves e haverá a possibilidade de receber esses impulsos de volta do seu parceiro.

Mas isso não deve eliminar sua atenção para o que se passa ao seu redor. Torne-se mais sensível diante dos fatos da sua vida – descobrirá muitas coisas a seu respeito!

Antes de mais nada, você deve tomar consciência do estado essencial em que se encontra o seu relacionamento ou a sua sociedade. Se na vida profissional uma simbiose pode ser positiva e fecunda, nos relacionamentos amorosos é necessário tomar cuidado.

É fato que esse "ter utilidade recíproca" pode ser bastante harmonioso. Mas, se ficar evidente que "pensar em tirar vantagem" é a mola-mestra do relacionamento – e não o amor –, esses parceiros estarão usando as energias vibratórias inferiores do ego.

Só pode haver síntese quando dois indivíduos independentes se unem porque têm idéias comuns, quando há um relacionamento em que existe um acordo interior.

Por exemplo, é possível conceber um filho pelos mais diferentes motivos. Alguns exemplos vão deixar claras essas diferenças e suas variadas formas de energia.

Simbiose doentia: ela quer um filho a fim de amarrá-lo a si, para não ficar sozinha, para poder dar vazão aos seus sentimentos.

Ele quer um filho para ter a certeza de que ela está em casa cuidando da criança, que tem de se parecer com o pai, e também para provar a sua virilidade.

Simbiose sadia: ela quer um filho porque quer ser mãe, porque para ela um filho faz parte do casamento.

Ele quer um filho porque quer ter um herdeiro, alguém que o substitua à frente dos negócios.

Síntese: ela quer um filho porque vive harmoniosamente com o marido, porque o ama e essa criança aumentará e completará a união. Ela acredita que pode dar ao filho um bom começo de vida.

Ele quer ser pai porque isso significa a plenitude da felicidade comum. Ele acha que o filho será uma pessoa feliz.

Nunca deixe de questionar os seus motivos. Só assim poderá aprender uma porção de coisas a seu respeito. Contudo, não tente disfarçar a verdade encobrindo-a com o manto do colorido favorável e seja honesto consigo mesmo. De qualquer modo, não é só você quem lucra com isso – os seres humanos que o cercam também!

I. Meditação

Respire profundamente e sinta o seu corpo!
Encha os pulmões de ar e torne-se receptivo!
Abra-se ao mundo e à vida.
Deixe o coração bater calma e compassadamente.
Mostre afeição pelo mundo,
para que esse possa recompensá-lo.
Deixe a beleza dele repousar no seu coração.

Faça com que sua respiração desça pela coluna,
e mantenha-se ereto para enfrentar o mundo.
Respire até o ar atingir a base da espinha
e veja como ela estrutura a sua vida.

Deixe o ventre participar da respiração
e sinta que você existe!
Sinta que aí, onde está sentado agora,
você dispõe de proteção e de segurança.
Respire acompanhando a respiração do mundo.

Faça essa meditação num lugar tranqüilo e confortável da sua casa. Descobrirá a força e a paz.

Aprofunde a meditação quando estiver ao ar livre, junto à natureza, ouvindo o rumor do vento, o canto dos pássaros e sentindo o perfume dos prados e das árvores.

2. Da separação à unidade

Todos nós nascemos como uma unidade que pode se juntar a uma outra ainda maior. Essa unidade maior é o Ser, a harmonia, a verdade e o amor. Se tiver êxito em se fundir com essa unidade mais elevada, que também pode chamar de Deus, você terá saúde, sucesso e será feliz.

A partir do momento em que nos separamos dessa unidade, substituindo-a pelo "eu sou" e pelo "eu tenho", passamos à dualidade. No Velho Testamento, essa separação é chamada de pecado original.

O ser humano recebeu uma consciência e a usou conforme a "sua" dimensão. Por certo, em comparação com "tudo-o-que-existe", isso parece ser bem pouco. No entanto, uma centelha do todo vive em nós. Talvez viva como um fator de recordação, para que, depois de perdermos várias vezes o caminho, cheguemos finalmente ao lar. Essa centelha nos permite ampliar a nossa consciência e, assim, compreender melhor as coisas. Ela também constitui a garantia da nossa unidade. E essa unidade se compõe de corpo, espírito e alma.

Eu gostaria de deixar isso claro usando uma imagem do dia-a-dia. O corpo é o veículo, digamos, o carro. O espírito é o motor do carro, e a alma, o combustível. Se faltar um dos três componentes, o carro não poderá mover-se para a frente.

Apesar disso, muitos de nós pensam que basta a presença da carroçaria com alguma preparação interna, como se pouco importasse a qualidade do motor ou o tipo de combustível usado. Nesse caso, por mais esperto e importante que o motorista do carro (o pequeno Eu) se considere, o resultado só pode ser o da vida interior.

Se você não atender às grandes exigências da sua alma e usar apenas "gasolina barata", o seu veículo obrigatoriamente sofrerá danos com o correr do tempo. Se você deixar de usar a capacidade do seu espírito no sentido de buscar a clareza e a verdade, você transformará um carro de corrida num trator. Mas, se não cuidar da carroçaria, o seu corpo adoecerá.

Se tiver a capacidade de desenvolver o seu intelecto a ponto de entender os inter-relacionamentos que parecem subjazer aos acontecimentos e não fizer uso dele, só conseguirá prejudicar a si mesmo. Cada vez mais passará a ver somente as verdades do primeiro plano. Você se intelectualizará e, com isso, começará a fazer com que a rigidez substitua a liberdade. É assim que você se separa da sua unidade. Se deixar de usar a sua capacidade de amar, a moralidade e a beleza dos seus atos e a forma como modela a sua vida cairão no nível dos desejos, da manipulação, do exercício do poder, fazendo com que a sua vida seja superficial e a alma se retraia no âmbito das emoções.

Contudo, se não se relacionar bem com o seu corpo, ou seja, se usá-lo simplesmente para caminhar ou se enchê-lo com todo tipo de substâncias até não sobrar espaço, você o estará degradando ao nível de uma máquina. E então só prestará atenção ao seu coração se sentir dor, ao estômago se se sentir mal e à coluna quando ela estiver dolorida. Você satisfará as necessidades do corpo no que se refere à alimentação, ao sexo ou ao conforto. Mas não o tratará de maneira carinhosa. Assim, também abandonará a unidade.

Manter a tríplice unidade no mais alto nível e purificá-la são os objetivos da nossa vida. Como se faz isso em cada caso isolado depende do objetivo de vida de cada ser humano.

Também o motorista do carro – o pequeno Eu – merece cuidados. O funcionamento do carro depende diretamente dele. Se não se dá nenhuma atenção ao motorista, ele se sentirá diminuído, talvez até tenha complexo de inferioridade e, portanto, só raras vezes conseguirá obter o melhor desempenho do carro. Ele cometerá erros, talvez até pise no acelerador pensando que se trata do freio.

Essa valorização pode vir do próprio motorista ou de fora. Por exemplo, se o motorista não se atreve a imprimir mais velocidade ao carro do que a que dispõe agora (na vida anterior talvez tivesse um carro menos potente), além de não saber lidar muito bem com o veículo, o mais conveniente é testar a potência do motor aos poucos, até se tornar um exímio motorista. Se ele se supervalorizar e acreditar que basta uma acelerada e tudo se arranjará, é provável que a vida dele acabe no túmulo, em algum ponto do percurso.

Se, por outro lado, ele não tiver o cuidado de aprender a usar todo o potencial do veículo e dirigir com o freio de mão sempre puxado, o motor acabará fundindo ou então, a qualquer momento, ele ficará sem breque.

Esses exemplos podem ser transpostos facilmente para a vida. Trata-se de reconhecer que se tem uma missão a cumprir e de usar para isso, com alegria, todo o potencial de que dispomos.

O pequeno Eu

O nosso pequeno Eu precisa de tanta dedicação e reconhecimento quanto o nosso corpo, o nosso espírito e a nossa alma. Confesse que realizou algo da melhor maneira possível ou, eventualmente, que é possível melhorar ainda mais o seu desempenho. Nosso pequeno Eu precisa aprender a distinguir e, para isso, ele precisa de confiança, ou melhor, de autoconfiança. Ele tem de sentir que pode contar com recursos próprios. Para tanto lhe convém saber que tem o poder de criatividade. Quanto mais seguro ele se sentir, quanto maior for o seu contato com o potencial interior, tanto mais livre ele será.

No entanto, se ele se detiver só no que conhece, no que já experimentou, no que é previsível, ele mesmo se posicionará no nível mais baixo do seu Ser – e tudo o que for estranho, desconhecido, inexplicável será desvalorizado, recusado. Surgirá o medo. Em outras palavras: as incertezas provêm do medo.

Nosso Eu pode decidir o tamanho que deseja atingir. Ele pode optar pelo grande amor ou escolher a guerra. Ele pode se afogar nas convenções sociais ou se tornar criativo e construtivo. Pode passar a vida inteira com medo e só se decidir pelas coisas seguras, ou pode tentar obter alegria e sucesso.

Porém, quando o pequeno Eu se separa da amplidão, da luz, da confiança ou do amor, ele se separa, ao mesmo tempo, do seu potencial criativo. Se, ao contrário, aprender a ouvir a voz interior, a confiar na força criativa da luz e a se abrir às novas possibilidades, ele se associará à criação universal, tornando-se calmo e seguro.

Você deve lhe dar uma chance!

A tríplice unidade do ser humano

Falamos em corpo, espírito, alma; lidamos despreocupadamente com esses conceitos e acreditamos saber o que significam para nós.

O corpo – ou seja, a parte que podemos apalpar, a forma que expressa a minha vida.

A alma – trata-se do meu sentimento interior, do eterno que nos ajuda a encontrar o caminho.

O espírito – este é a sabedoria, a minha parte essencial, o alento divino.

Mas o que significam esses conceitos na nossa vida diária? Como entro em contato com a minha alma? O que é o espírito? Acaso ele é o meu intelecto? Qual o papel representado pelo meu processo de aprendizado, pelo meu desenvolvimento individual?

Acho que entendi que, como ser humano, somos a totalidade dividida em partes que querem ser vividas e às quais devemos dar atenção se quisermos ser saudáveis, bem-sucedidos e divinos, ou seja, livres. Portanto, é da maior importância cuidar tanto do nosso corpo como da nossa alma e do nosso espírito. Na verdade, é preciso fazer isso para termos melhor compreensão, principalmente da tríplice unidade.

Isso significa que reencontraremos nos planos do espírito e da alma os três níveis representados pelo corpo, pelo espírito e pela alma. Assim sendo, há uma expressão física ou corpórea da alma, bem como uma expressão espiritual ou anímica do corpo.

Se deixarmos de dar atenção a um desses planos, tanto nas partes superiores como nas inferiores, isso levará a uma carência e, portanto, a um distúrbio.

Observemos agora cada um desses aspectos mais detalhadamente:

A expressão da trindade no:

1. Plano físico:	Espírito	Intelecto
	Alma	Sentimentos emocionais
	Corpo	Materialidade
2. Plano anímico:	Espírito	Intuição
	Alma	Sentimentos, amor
	Corpo	Emoção
3. Plano espiritual:	Espírito	Espiritualidade
	Alma	Criatividade, intuição
	Corpo	Intelecto

Com a visão plástica dessa expressão certamente ficará mais fácil compreender que você vive em âmbitos diferentes e pode argumentar, amar e agir dentro deles. Portanto, é possível, por exemplo, argumentar sobre determinado assunto a partir de uma avaliação intelectual, psicológica ou espiritual.

Assim como é possível interpretar uma doença do ponto de vista intelectual (vírus contraído num trem), psicossomático (briga com o parceiro – resfriado), espiritual (um amor não vivido, desarmônico), da mesma forma, é possível verificar qual dos três aspectos não está sendo vivido.

O plano físico

No plano físico, o homem pode ter uma explicação lógica e prática para tudo o que acontece, esquecendo o coração. Toda expressão de pensamentos serve para o auto-sustento e para o estilo de vida. Aqui o amor é reduzido, na maioria das vezes, a sexo; os sentimentos são dirigidos pelo intelecto e tudo o que sobra é desprezado como fantasmagorias sentimentais.

Se o ser humano estiver muito preso ao Eu, portanto ao lado subjetivo, ele será emocionalmente muito influenciável pelos acontecimentos do ambiente. Por isso ele perde a liberdade e avalia o mundo a partir da própria visão das coisas. Muitas vezes ele se coloca em posição vantajosa, e o tu serve apenas para fins egoístas. A alma é vivida na sua estrutura mais simples.

O plano espiritual

Pessoas cuja orientação é fortemente espiritual e cujo Eu não é livre são presas fáceis das pregações sociais e aceitam todos os acontecimentos como se fossem tragédias. Essas pessoas são psiquicamente sujeitas à instabilidade interior e volúveis.

Somos seres espirituais e dispomos de um corpo. O nosso modo de ser, o nosso desenvolvimento ao longo dos séculos, se impregnou no corpo emocional e se torna visível através da alma. Chama-se a isso de registro akáshico. Nosso karma – as conseqüências dos nossos atos, que estão sujeitos à lei de causa e efeito – consta do registro akáshico que pode traduzir as feridas que trazemos na alma – um fardo que carregamos conosco – ou a força e a confiança que nos são transmitidas pelo nosso Eu interior.

O desenvolvimento sempre tem algo que ver com o aprendizado, e é claro que cometemos erros – e podemos continuar a cometê-los. Seja como for, é preferível prosseguir na evolução e não persistir sempre nos mesmos erros.

Quando a compreensão intuitiva se desenvolve, quando o ser humano se esforça para servir à totalidade e deixa de pensar somente nas próprias vantagens, preferindo contribuir significativa e positivamente para o desenvolvimento geral, ele tem a possibilidade de esgotar esse karma. Simultaneamente, isso significa que ele expressa a alma e o espírito num nível mais elevado. Conforme a orientação que der à sua vida, ele integra as partes correspondentes.

Quando a qualidade espiritual não é vivida, poderíamos nos

lembrar do exemplo de um homem que tem ideais elevados e os vende porque uma carreira como funcionário público é segura, ou seu posto numa empresa farmacêutica é bem remunerado. No entanto, ele não conseguirá ser feliz apesar de todas essas vantagens, pois vive contra os próprios princípios, contrariando a opinião pessoal, contrariando os seus conceitos interiores. Não lhe é possível tranqüilizar o espírito.

Se a inteligência inata servir apenas para criticar os semelhantes e para piorar o meio ambiente, se as grandes ações e idéias apenas são manifestadas oralmente no mundo (e, nesse caso, o medo fica bem visível), há um bloqueio da energia espiritual e o homem ou se torna preguiçoso, fleumático, ou então rígido, inflexível.

A inflexibilidade e a rigidez surgem quando se usam as energias espirituais de forma puramente intelectual, e não expressando o amor, portanto, o lado anímico. Isso significa que a pessoa, tanto o homem como a mulher, vive no âmbito intelectual dominado pelo Eu.

A preguiça e a indolência para mudar as coisas, o medo de assumir responsabilidades surgem pelo apego, pela não-doação e por querer ter tudo. O amor é apreciado num estágio infantil e, portanto, é emocional. O espírito é mal usado em manipulações – os outros têm de fazer isto ou aquilo para a pessoa (ou porque ela não gosta de fazer, ou porque não se atreve a agir) – portanto, essa pessoa não é livre.

O plano da alma

O plano anímico sempre esteve ligado aos sentimentos, às virtudes, ao conteúdo interior das pessoas. Quanto mais sutis, criativos, claros e luminosos esses conteúdos, tanto mais elevados e também inventivos serão os sentimentos associados a eles, e tanto mais criativamente esse âmbito será vivido. Se os sentimentos são confusos, o homem é levado pelos instintos, o que faz a alma ficar no nível inferior. Nesse caso, os fatos parecem pesados e dramáticos.

Por exemplo, dentro de uma família, um dos filhos pode captar esse desequilíbrio, em geral a filha do meio, que desde cedo tem de cuidar dos irmãozinhos menores porque a mãe está ausente (por falta de tempo, ou porque morreu, ou porque trabalha fora). Assim, na vida dessa moça desde o início tudo girou ao redor do bem-estar dos outros. Ao amadurecer, esse ser humano acredita (pois o padrão se impregnou no seu interior, no seu corpo emocional) que para obter a simpatia, o respeito e o amor dos outros terá de lhes prestar algum serviço.

Posteriormente, isso pode se transformar num feliz instinto maternal pelos próprios filhos, ou pelo "ter-de-se-preocupar" com os pais, ou então em amor fraternal exagerado que faz com que essa moça se intrometa nos assuntos dos irmãos. Estes, já crescidos, acham a atitude uma intromissão. Essa pessoa considera seu dever se preocupar com tudo e se torna insegura quando não pode fazê-lo. E também nunca aprendeu a dar livre vazão aos próprios sentimentos.

Por certo, servir tem alto valor ético. Mas se o serviço é feito instintivamente porque "sempre foi assim", se for feito pela pressão interior para conquistar a simpatia dos outros, ele torna a alma mesquinha e pequena. Não sobra espaço para sentimentos grandiosos.

Embora no caso exista um bom potencial, ele se restringe ao aspecto emocional; portanto, trata-se da expressão física da alma.

Aqui o processo de aprendizado deveria ser o de permitir franqueza e livre expressão dos próprios sentimentos, reconhecer o próprio valor, permitir-se ver a própria grandeza. Pessoas desse tipo devem parar de correr atrás de migalhas de amor e de aceitação, bem como aprender a dizer não. Assim, a sexualidade não será mais vista como um exercício de dever, mas haverá um influxo de erotismo, de alegria e de amor.

Para tornar mais compreensível o que eu disse, vou dar alguns exemplos. Conheço um homem criativo que trabalha no setor de propaganda. Trata-se de uma pessoa esforçada e muito ativa, embora sensível demais. Trabalha excessivamente e durante longas horas. Com isso, acaba por exigir dos colegas o mesmo rendimento profissional e vive a criticá-los por eles terem outros interesses, além daqueles relacionados com o âmbito profissional.

Outro caso é o daquele convidado muito apreciado em todas as festas a que comparece. Ele é muito divertido, mas tem um problema: mulheres. Em geral, elas não querem o mesmo que ele. Quando, afinal, encontrou uma mulher honrada que pôde apoiá-lo, passou a ser crítico demais, tornando-se um verdadeiro estorvo na vida dela, que conseqüentemente resolveu seguir o próprio caminho sem a companhia dele.

A tríplice unidade harmoniosa

Como seria viver essa tríplice unidade de forma harmoniosa?

O homem que vivê-la é capaz de rir. De olhos abertos, ele poderá encarar os outros de frente. Interessa-se pelos seus semelhantes no sentido positivo do termo. Suas predileções e intenções têm a função de ajudar: usa o corpo para prestar serviços materiais aos homens; põe seus talentos e aptidões à disposição do mundo. O Tu e o Nós fazem igualmente parte do seu raciocínio. Ele integra as leis espirituais na sua vida: humilha-se diante do divino, e essa humildade influencia seu modo de pensar.

Conhece o princípio da vida como um rio. Por exemplo, sabe que primeiro é preciso criar algo de positivo para depois receber coisas boas em troca. Também sabe que só vem de volta para nós a energia que nós mesmos irradiamos. *Se quiser amor uma pessoa tem de irradiar amor.*

Se eu quiser ser bem-sucedido em determinado âmbito, primeiro tenho de fazer nele um investimento. Se quiser ser íntegro, tenho de cuidar para usar só energias saudáveis e íntegras. Se eu quiser me dedicar à prática da cura, o meu espírito, o meu corpo e a minha alma têm de estar livres de impurezas. As energias divinas têm muita força. Quem não as usar com responsabilidade, verá que essas forças se voltarão contra si.

Mas a pessoa que usar a tríplice unidade num nível elevado usará o intelecto e aprenderá a entender os segredos da vida. Compreenderá que tudo o que foi criado teve como princípio o amor, inclusive o sofrimento, pois este oferece uma oportunidade de crescimento e de evolução. Essa pessoa também compreenderá que a morte de fato pode ser a do espírito do qual se baniu o amor, enquanto a morte física é a transição de um estado para outro.

Este ser humano ouve a voz interior, compreende intuitivamente os inter-relacionamentos, pode se imaginar ocupando o lugar de outras pessoas e nunca fará nada contra as leis divinas eternas.

Observe bem a sua vida!

Como você se comporta com relação ao seu corpo? Você gosta de si mesmo? O que faz por você para se sentir bem?

Você sente orgulho do que faz com sua vida? Gosta do seu modo de lidar com seus talentos? O seu coração está aberto às pessoas, aos animais e às plantas? Ou você estabelece certas diferenças? Em que você é preconceituoso?

Sente-se capaz de se desapegar de alguém sem deixar de amá-lo? Ou prefere manter a pessoa que está ao seu lado como uma propriedade sua?

Segue a intuição ou prefere se basear em números, datas e fatos?

Dá uma forma criativa e construtiva à sua vida?

Acaso mantém a ligação com o seu anjo da guarda? Mantém o vínculo com os seus ajudantes espirituais? Está ligado ao seu Eu superior? Inclui a participação divina na sua vida?

Você encara a criação com humildade? Sabe que encontrará proteção e apoio numa sabedoria e amor maiores do que a que usualmente tem?

Todas essas perguntas devem ser consideradas, pois vale a pena fazer essa análise. Elas o ajudarão a descobrir a sua situação no mundo. Se você viver em harmonia com a tríplice unidade interior – com o seu centro –, logo descobrirá como as dificuldades da vida são processos de aprendizado que aceitará de bom grado.

Muitas pessoas se ocupam atualmente com as formas conscientes da vida, observando com atenção as circunstâncias (situações, doenças) que a envolvem e os sentimentos que estas despertam. Elas abandonam a condição de vítimas e passam a ser as criadoras do seu próprio mundo. Siga esses exemplos estimulantes – do seu modo muito pessoal, com o seu próprio estilo!

Da mesma forma que o mundo, o seu corpo e as circunstâncias em que você vive se revelam para você; trata-se do resultado do seu modo de ser. Sempre vale a pena melhorar algo!

Provavelmente você notou durante a leitura que me detive mais em alguns planos do que em outros. Pode ser que isso o tenha ajudado a compreender que talvez você tenha feito algo com muita facilidade e que costuma esperar receber mais do que está disposto a dar. É possível que seja necessário trazer mais claridade à sua vida: pode ser conveniente esclarecer situações, pensamentos, encontrar coragem para se observar melhor. Mas talvez tenha se esquecido de observar que nesse ínterim você cresceu e que papai e mamãe não servem mais como justificativas.

Comece a dar o primeiro passo exatamente agora – vale a pena! Viver a plenitude o tornará forte e livre, permitirá que você comece a rir e a brilhar.

Se não achar saída porque o plano é reconhecível, porém está na sombra, é válido procurar ajuda. Só o conhecimento pode salvá-lo. Há pessoas que fizeram da vida a missão de ajudar os outros. Elas oferecem as mais diversas terapias. Por certo haverá alguma que lhe sirva!

II. Meditação

Respire e relaxe.
Concentre-se na Terra
e sinta que ela o sustenta.
Você pode cavar um buraco, e ainda
assim ela o sustentará.
Você pode confiar nela!

Sinta o vento que o acaricia.
Ele é o fôlego do mundo.
Sinta a sua suavidade.
Abra os ouvidos e ouça o canto dos passarinhos.
Ouça os sussurros da natureza que lhe contam histórias da vida.

Abra os olhos e veja
o que a criação preparou para você.
Abra os sentidos à luz da percepção,
e a sua vida se encherá de riquezas.
Saia ao encontro da natureza, veja, ouça e cheire!

Vá para um lugar ainda não destruído pelos homens.
Olhe para cima, olhe para baixo, olhe ao redor
e descobrirá o que é beleza.
Traga-a consigo no dia-a-dia.

3. Aceitação e doação

Quando você nasceu, recebeu tudo o que precisava nesta vida a fim de garantir-lhe a sobrevivência. Faz parte da sua vida desenvolver e cultivar essas aptidões. Seu dever é usá-las para que a vida siga o seu fluxo. O nível em que isto ocorre é determinado por você mesmo. A quantidade de dádivas que receber dependerá do quanto você está disposto a dar.

Quando um armário está repleto de presentes e você o fecha, ninguém pode ver os presentes nem se pode acrescentar outros aos que já existem. Abra o seu armário e mostre os seus tesouros e assim poderá, conforme a sua vontade e o seu estado de espírito, trocar presentes com os outros e desse modo encher o seu armário com coisas que realmente deseja ter e que lhe dão prazer.

O homem introvertido

O armário fechado simboliza o ser humano que se encerra em si mesmo, que medrosamente agarra tudo e exteriormente defende com obstinação a beleza, o amor e os talentos que traz no seu interior. A tragédia da situação consiste em que ele mesmo não usufrui seus tesouros. De tanto temer que alguém possa descobrir algo sobre ele, esconde seus tesouros que nunca vêem a luz do dia. E, assim, nem mesmo ele os conhece bem.

Este ser humano teme qualquer mudança, se apega fanaticamente à família, não tenta se tornar independente. Qualquer coisa o magoa e ofende, e ele não percebe que vive a magoar e a ofender os outros. Ele se sente na posição de ter de se defender porque está sempre com medo de perder "seus" tesouros, sem compreender que esses tesouros nem sequer lhe pertencem. Não foi ele quem os adquiriu, não foi o pequeno Eu. Outras personalidades parciais do seu Eu superior fizeram isso antes dele. Sua única obrigação é cuidar desses tesouros e multiplicá-los.

O homem extrovertido

O contrário acontece com um armário aberto. Aqui estamos lidando com um ser humano franco, voltado para fora. Ele está disposto a pensar, a sentir, a aprender, a amar de forma construtiva e, dessa maneira, a enriquecer e a formar a sua vida. Ele compreendeu que dádivas sem uso contribuem pouco para enriquecer a vida e se alegra com seus talentos, tentando usá-los. Positivamente empregados, trazem a ele e aos outros muitas alegrias, e isso se chama ampliação e liberdade.

Partilhar sempre está associado com crescer e expandir-se. E, simultaneamente, significa troca recíproca. Você dá algo e recebe algo em troca. Usando a mesma imagem: você tira um talento, um tesouro do armário, e o oferece emprestado. Uma outra pessoa o acha interessante e se declara disposta a trocar o talento dela por outro que lhe pertence.

Se você for autoconsciente e souber avaliar de forma correta o seu talento, receberá um outro de igual valor em troca. Mas, se se avaliar por baixo – e dessa forma minimizar seus talentos –, terá de se contentar com menos. Com o tempo, isso acabará por deixá-lo insatisfeito. Porá a culpa nos outros e sentirá que está sendo explorado. No entanto, nunca percebeu que você se desvalorizou por não ter consciência dos próprios talentos. Aqui vou lembrá-lo do conto de fadas *João sem sorte*. Trata-se de um nítido exemplo de como uma pessoa consegue anular um bom lucro.

O contrário acontece quando você avalia seus tesouros por um preço excessivamente alto. Terá pouca alegria com eles. Os vigaristas são julgados pelos outros como fenômenos, mas nunca são levados a sério.

Se, ao contrário, você os avaliar corretamente por ter consciência do real valor, isso é diferente. Você continua sendo bondoso – e reconhecido –, embora não se deixe manipular. Por sua vez, também não manipula ninguém. Você mostra a beleza dos seus tesouros e honestamente fala sobre o valor que têm. Todos podem vê-los. Mas participar deles, só os que conhecerem seu valor e souberem lidar com essas riquezas, sem dúvida oferecendo em troca algo com o mesmo valor.

Você gostaria de estar entre esses amorosos e agradáveis contemporâneos?

Aprenda a dizer não

Naturalmente seria mau dar seus tesouros sem receber nada em troca, seria desperdiçar seus talentos. Pessoas que não se dão valor e acreditam ter de fazer justiça agem assim. Todos podem procurá-las com suas preocupações, pois elas sacrificam seu tempo, seu dinheiro e sua simpatia no intuito de ajudar os outros sem cuidar de si mesmas. Não ouvem os sinais de fraqueza emitidos pelo corpo nem percebem quando sua alma está de luto. Acreditam que as necessidades alheias são mais importantes do que as próprias. Conseqüentemente, avaliam os outros como superiores a elas. E é este o ponto fraco! Não prestam um serviço por convicção e humildade, mas se apequenam porque não ousam ser grandes. Assim pecam contra a própria superioridade. Isso não é humildade, mas covardia!

Uso intencionalmente essa expressão forte a fim de tornar a situação mais clara. Naturalmente existem aqui certas nuanças. O medo, a insegurança, o complexo de inferioridade são algumas delas. Apesar disso, sempre existe também um "eu-não-ouso".

Neste ponto vou desafiá-lo: tenha coragem! Dê pequenos passos! Vá para o outro lado com um sorriso nos lábios em vez de estar com o cenho franzido. Diga não ao menos uma vez! Peça um favor aos outros consciente do que está fazendo. Aprenda a dar ouvidos a seus sentimentos quando os outros se excederem e diga simplesmente "PARE!" Faça algo por si mesmo. Aprenda a se mimar!

Lembre-se: só quem se ama pode amar os outros. Só quem se valoriza pode reconhecer o valor alheio. O homem que esmola amor pode se esquecer dos seus bens. Mantenha a dignidade, e os outros o respeitarão.

Pode acontecer de os outros se irritarem com o seu comportamento devotado e de se sentirem devedores. Ele tem a impressão de que deles se espera algo que não estão dispostos a dar. Essa postura é considerada manipuladora, visto que surgem sentimentos de culpa por se estar em dívida. E para evitar essa situação essas pessoas passam a afastar sistematicamente todas as que lhes oferecem algo. Estas, por sua vez, vêem comprovado o seu ponto de vista de que nada valem. No entanto, o que aconteceu foi a não observância da proporção correta entre a doação e a recepção. É contra a lei da evolução esconder seus talentos e também presenteá-los de graça como se não tivessem valor. Ignorá-los também é um crime.

Portanto, estabeleça e mantenha o seu valor. Estimule seus talentos à medida que os usa e aprenda a aperfeiçoá-los. Ao fazê-lo, ouça os sinais interiores. O seu modo de sentir lhe mostrará como lidar com eles. Se se sentir bem, é porque está no caminho certo.

Mas não se esqueça de prestar atenção aos sinais exteriores. As situações mostram aos seres humanos onde eles pecam contra si mesmos, onde se avaliam alto ou baixo demais, onde estão mais na condição de receptores do que de doadores ou vice-versa.

Pessoas que medrosamente mantêm o armário fechado contam com impulsos de fora; portanto, esperam por dedicação, amor, compreensão, carinho, ajuda, etc., que elas não estão dispostas a dar, tal como aquelas que escondem seus talentos, desvalorizando-os. Ambos os tipos têm a sensação de receber menos do que merecem e de não ser amadas.

Se tiver de lidar constantemente com "vampiros", ou seja, com pessoas que continuamente requerem a sua atenção e exaurem as suas energias, convém parar para pensar em que ponto você deixou de prestar atenção em si mesmo. Vampiros só vão para onde existem vítimas. Se houver vampiros entre os seus conhecidos ou no círculo composto por seus parentes, é preciso que você aprenda a fazê-los parar. Se isto não for possível, mesmo que você lhes diga amigável mas determinadamente que depois de conversar com eles se sente completamente esgotado, é melhor se afastar. Aprenda a restringir ao mínimo os seus contatos com essas pessoas e a colocá-las no seu devido lugar. Mas não se esqueça de tentar descobrir que setor da sua vida você está negligenciando!

Defenda os seus sentimentos

Até que ponto você está disposto a aceitar presentes? Acaso fica envergonhado quando alguém lhe diz algo carinhoso? É capaz de agradecer sinceramente ao receber um presente? Mesmo que se trate de um presente de muito valor? Será capaz de se sentir feliz e também de demonstrar a sua felicidade? Ou você fica encabulado e completamente sem jeito?

Se a última hipótese for verdadeira, é bom saber que tem dificuldade para trocar seus talentos. Os motivos dessa deficiência podem ser vários, mas sejam lá quais forem você deve refletir e fazer uma auto-análise consciente deste ponto a fim de melhorar a qualidade da sua vida.

Eis algumas sugestões acerca de interpretações falhas. Muitos acham que demonstram modéstia ao dizer "mas isso não era de fato necessário!" e de tanta vergonha deixam de ver que há mais um presente ao lado do primeiro, carinhosamente embrulhado. Essas pessoas se acham tão ocupadas com a sua modéstia e por certo também com a sua alegria pelo presente – embora o coloquem em segundo lugar – que se esquecem completamente de quem lhes presenteou. Este, por sua vez, teve o trabalho de escolher o que dar, de fazer um belo pacote, e bem que merece uma recompensa, uma agradecimento. A alegria demonstrada pelo outro ao aceitar o presente serve como agradecimento e, portanto, deve ser francamente expressa.

Coisa curiosa, a afirmação feita por essas pessoas de fato está correta. Elas não gostam de dar presentes voluntariamente e raras vezes são generosas. Elas presenteiam, mas mediante protestos, e cuidam penosamente de não investir demais, na expectativa de receber sua parte justa nessa troca. Por certo não confessam esse seu traço francamente – embora fosse seu direito legítimo defender seu ponto de vista: "Dou bastante e por isso também espero receber bastante."

Essas pessoas querem fazer um bom trabalho e na maioria das vezes são confiáveis. Só que nunca são generosamente francas e retêm muitas das suas próprias aptidões (que receberam de presente) para si mesmas. Elas fazem de conta que são inferiores, medrosas e facilmente influenciáveis. É por isso que "o necessário" lhes basta. Isso significa que elas determinam o próprio nível, o que encerra o caso.

Assim que você reconhecer essas leis, por certo terá coragem para daqui em diante abrir amplamente os braços, o coração e o olhar.

Outro modo de não aceitar presentes é o embaraço em abri-los diante de quem os deu. E essa atitude aborrece a pessoa que presenteou, que não se sente recompensada por não poder testemunhar a alegria da outra. Aqui estamos lidando com certo grau de desconsideração para com as outras pessoas.

Observei que muitas pessoas se julgam melhores e mais especiais do que de fato são. E mesmo assim não conseguem acreditar que os outros lhes dêem algo belo ou de valor. Trata-se de uma espécie de superficialidade que transmitem aos outros. Isso não significa que essas pessoas não consigam ser totalmente bondosas em determinados setores da vida. Na maioria das vezes seu padrão essencial de conduta é muito simples. Na verdade não pretendem ser grande coisa, pois vivem interiormente num nível bem baixo de evolução e assim desvalorizam os outros. No caso delas, com freqüência existe muita conversa fiada e opiniões negativas a respeito de si mesmas. Ou têm um modo de banalizar tudo o que acontece na vida, não permitindo a existência de pontos altos que simplesmente são desconsiderados, passam despercebidos ou não são vividos.

Se sentir que essas situações o retratam, poderá notar com precisão as sensações que as acompanham, perceberá quais qualidades são importantes e a densidade da sua freqüência vibratória.

Pessoas que já ouviram falar sobre pensamento positivo muitas vezes demonstram que entenderam mal o mandamento: dê e receberá. Conseqüentemente, quanto mais você der, mais receberá. Essas pessoas cumprem esse mandamento e, em parte, são as pessoas mais mesquinhas com quem já deparei.

Por que isso acontece? Pessoas desse tipo só investem nelas mesmas. Elas dão para receber, dão com o intuito de manipular, dão para parecer grandes ou se tornarem conhecidas. Não dão com sinceridade e sem intenções nem para ajudar ou proporcionar uma alegria a alguém. Por trás de cada presente se oculta um pensamento sobre o lucro que visam ter. A seu modo, são honestas e muitas vezes também têm êxito, embora naturalmente só à custa do amor. Aqui o princípio atuante é o do poder, que corresponde ao terceiro chakra: a energia do ego.

A harmonia é o princípio maior

Quando falamos em harmonia queremos dizer que tudo deveria ser pacífico: "Nada de brigas, melhor ceder. Nada de desarmonia, ela ataca meus nervos." Trata-se do anseio primordial, que temos como seres humanos, de voltar àquela grande harmonia, pois queremos viver nessa verdadeira e primordial harmonia que se chama Deus. Deus é harmonia, portanto, Ele é amor, é luz.

Porém, como a luz é clara e luminosa, não é possível conseguir a harmonia a qualquer preço. Primeiro, é necessário tornar claras as coisas. Agir "a bem da harmonia" não significa encontrar a paz. É preciso "dar a volta por cima" a fim de não reagir à provocação. E isto nada tem que ver com a paz!

Fugir significa de fato fugir também do caminho interior. Não é possível traçar uma reta "só um pouquinho". Um traço ou é reto ou está torto.

A verdadeira harmonia não permite nenhuma desarmonia oculta e deve estar por toda parte, tal como o amor. Quem pecar contra o amor, estará pecando contra a Lei da Harmonia. E quem o fizer, não participa da harmonia e do amor. A escolha é sua. Esclareça as situações da sua vida e assim estará no caminho que leva à harmonia. O dar e o receber podem e devem corresponder a essa Lei da Harmonia, portanto, ao Princípio Divino. Daí em diante não se tratará mais de pensamentos sobre poder ou medo nem de pensamentos acerca de segurança e de outras energias de baixas vibrações, porém a respeito do amor, a respeito do Tu e da unidade. Não mais intenções ocultas ao dar e receber presentes; tudo é fácil e natural nessa troca recíproca. Aqui quem dita as ordens são o amor e a alegria.

Da sexualidade ao amor

A troca recíproca não acontece só através da união sexual. Não estamos falando na mera satisfação dos desejos instintivos, o que não se trata de amor. Num relacionamento em que o parceiro é visto como um mero objeto de satisfação do desejo físico, portanto, quando ocorre o sexo possessivo, sempre existe uma ou outra forma de violência. Os sentimentos não são maduros, e com facilidade podemos falar aqui de sadomasoquismo, da mulher-criança e seu macho. Ela o endeusa e acha que ele é o mais forte porque exibe sua força. Ele a castiga por fazer isso e, dessa forma, afirma o próprio ego. Nesse caso, estamos nos movimentando no plano do primeiro chakra.

E eis que nos deparamos com o *playboy* e a *playgirl* que chegam ao mesmo resultado, embora de forma mais oculta e dissimulada, com despreocupada ingenuidade. Eles são mais seletivos, além de ter senso estético; no entanto, não passam de escravos dos seus impulsos sentimentais. É nesse nível que temos a pornografia, os jogos sexuais, as alegrias efêmeras. Os sentimentos não ultrapassam o Eu; o Tu só é usado temporariamente para a satisfação do Eu.

Aqui não nos deparamos nem com a vergonha nem com a culpa e menos ainda com as restrições. O que mais se vê é a troca constante de parceiros em relacionamentos superficiais que servem para a satisfação do ego – o parceiro é uma espécie de troféu. No entanto, simultaneamente surgem sensações de medo nesses relacionamentos e ambos sentem um vazio, apesar do prazer e do riso. Estamos diante de crianças que não querem amadurecer. Elas querem gozar a vida, querem "possuir" e esperam que os outros as tornem felizes. Por certo o homem ou a mulher desse tipo é encantador, alegre, manipula o parceiro com elogios e faz declarações muito belas. Mas, quando não mais obtém êxito, num piscar de olhos se volta para outra vítima com a única finalidade de satisfazer seus desejos. Aqui se trata, portanto, apenas de "usufruir", de "pegar", e, como você por certo já intuiu, estamos no plano do segundo chakra.

Na terceira etapa da energia do Eu se destacam a competição e o desejo de vitória – um aspecto bastante masculino. Nesse ponto, a visão do mundo é impregnada de realismo, de racionalidade e de vontade. Quase não resta lugar para o amor. A outra pessoa só serve para viabilizar o sucesso.

É claro que aqui encontraremos a situação contrária, o medo de perder a potência, pois afinal tudo gira em torno de ser "o melhor".

É assim que as pessoas se casam porque fulano é um "bom partido", porque é famoso ou por qualquer razão semelhante, nunca por se tratar *daquela* pessoa. A ligação sexual naturalmente segue o mesmo padrão. Acontece a prática do sexo contra a vontade do parceiro, a pornografia mais obscena, os castigos físicos ou corporais, castigos por fazer sexo com outras pessoas, dando origem a novos sentimentos de poder, ou seja, de potência.

O instinto de encontrar o parceiro ideal para essas práticas é muito desenvolvido. A qualidade da alma é vivida no nível emocional. O parceiro é visto mais como oponente do que como amigo. Mas se ele servir ao nosso ego, receberá facilmente o título de amigo.

Aqui temos o desenvolvimento de um ego forte, a conquista de uma sólida autoconsciência, a concretização dos objetivos com as metas mais importantes. Portanto, o desejo/a vontade de ter.

Naturalmente, não estou dizendo que isso sempre dá certo, e, portanto, nesse campo há lutas constantes; sempre há vencedores e perdedores, dominadores e dominados, gente de sucesso e fracassados. Se as coisas não derem certo, a culpa é atribuída aos outros. Que se trata de uma projeção, nem há dúvida.

O verdadeiro dar e receber só ocorre de fato no quarto chakra, e com isso vem a energia do Tu. As pessoas que incluem o outro na sua vida, visando dar-lhe algo, apaixonam-se com facilidade, pois vêem a beleza nos outros. Elas têm ideais, anseiam concretizar objetivos elevados e desejam uma fusão. Pensam com o coração, portanto, não raro parecem ingênuas.

Neste caso, muitas ilusões são facilmente destruídas e, por isso, a busca do parceiro seguinte é retomada logo em seguida; no entanto, o coração está bem amadurecido e continua a desenvolver sua força. O importante é aprender com as desilusões, prosseguir na busca da sinceridade e do verdadeiro amor.

O romântico a quem se destinam estas palavras, aquele que tem um comportamento fortemente sentimental, deve aprender a descobrir um caminho intermediário. Para ele, vale a pena perseguir uma quimera e, ao mesmo tempo, esquecer de si mesmo ou resolver a situação através do escapismo (suicídio, álcool, drogas); desta forma, está alimentando a rígida dualidade.

Altos e baixos fazem parte do mesmo contexto. A leveza e o peso tornaram possível ao homem voar. É importante reconhecer que o parceiro é diferente do que aparece em sonhos. O amor indica o caminho. A alma se une com o espírito. O homem aprende a ver. Não só o conhecimento do problema é importante, mas também a sua solução.

Abrir-se ao outro e entregar-se, ou seja, confiar nele, ensina a transcender o Eu, ensina a se libertar do seu posicionamento medroso, rígido, egocêntrico e permite que se dê espaço ao Si-mesmo, que não vê diferenças entre o Eu e o Tu. Ele reconhece que um pertence ao outro e sabe que ambos são complementares. A ousadia de se tornar vulnerável conduz a níveis mais elevados do Ser.

No quinto chakra, o parceiro usa todos os seus talentos para melhorar o relacionamento: suas palavras amorosas, suas aptidões, sua intuição, seu amor. Contudo, ele também diz em alto e bom som: "Ensine-me tudo o que você souber." Acontece então uma modificação no modo de encarar os relacionamentos, pois estes lhe oferecem a oportunidade de se aproximar dos aspectos espirituais, lógicos, direcionados para um objetivo. Ele proporciona ao outro a chance de conhecer caminhos mais espiritualizados, mais amorosos, mais intuitivos e repletos de fantasia.

Dar e receber, neste nível, são experimentados como um ato lúdico que traz felicidade. Essas pessoas não buscam relacionamentos extraconjugais, são monógamas. Seu relacionamento sexual é versátil: há fantasia, erotismo, suavidade, vida em comum, desejo de partilhar a alegria; servir ao outro é algo natural.

Dar e receber podem enriquecer sensivelmente nossa vida. Se mal-entendidos, eles nos escravizam e nos deixam infelizes, até mesmo doentes. Quanto mais profunda for a qualidade da sua alma, maior a possibilidade de abrir sua consciência a uma compreensão mais ampla e, conseqüentemente, mais rico e livre será você!

Trilhe este caminho recompensador! Somente nele você sentirá a unidade com Deus. Somente assim saberá que não está só, mas abrigado no amor, na ternura e na sabedoria do ser todo-abrangente.

III. Meditação

Relaxe!
Imagine que você é uma flor e que anoiteceu.
Sinta a paz a envolvê-lo.

Eis que o Sol derrama seus primeiros raios.
Um pássaro alça vôo
e saúda o dia que está a despertar.
A vida começa a se agitar a sua volta.
Abra também as pétalas
e deixe a luz se derramar sobre você.
Abra-se para este novo dia.

Observe outra vez que espécie de flor você é.
Qual é a sua cor?
Acaso tem espinhos? Por que será?
Ou tem muitas flores? Que tal a sensação?
Onde você está, como se sente nesse lugar?
Gosta de ser essa flor?
Ou preferiria ser outra?

Eis que surge uma borboleta que o acaricia suavemente.
Uma abelha lhe faz uma visita e se sacia com o seu néctar.
Dê-lhe aquilo de que ela precisa e também o seu pólen.
O Sol o estimula e suas folhas armazenam a luz solar.
Sinta as suas raízes enterradas no solo.
Ele o nutre ricamente.

Espalhe o seu aroma!
Veja como as pessoas ficam contentes
quando vêem e cheiram você.
Derrame a sua beleza, pois ela pertence ao mundo!

4. A vida como um processo de aprendizado

No processo de aprendizado que a vida nos proporciona, é preciso antes de tudo aperfeiçoar nossas energias. Se souber que desse modo se sentirá mais feliz, reconhecerá que vale a pena se esforçar.

Naturalmente, o conceito de "ser feliz" varia muito de pessoa para pessoa. Muitos se dizem contentes quando os companheiros fazem tudo o que deles se espera – enquanto eles gozam sua liberdade. No entanto, este "ser feliz" que menciono aqui nada tem que ver com esse tipo de situação, como por certo você sabe. Somos felizes apenas quando nos sentimos intimamente plenos, repletos da harmonia desejada por nossa alma.

Enquanto não for esse o caso, somos levados por nossos impulsos. Aí não há bebida alcoólica, drogas ou pílulas soníferas que nos ajudem. Não é possível nos iludirmos a longo prazo! Temos nesta vida uma determinada missão a cumprir, devemos lapidar uma determinada faceta do nosso diamante. De um jeito ou de outro sempre seremos lembrados disso.

Entretanto, a cada novo dia temos a possibilidade de abreviar esse processo, temos a chance de aprimorar nossas energias. Para isso, o pressuposto é a atenção.

No processo de aprendizado, primeiro temos de descobrir nossa personalidade repleta de arestas e de ângulos para depois apará-los; antes é necessário conhecer o Si-mesmo, transcendê-lo, para finalmente obtermos a união com Deus. Portanto, temos constantemente de alcançar algo que logo depois temos de abandonar outra vez.

Então, para que vale todo o esforço? Nesse caso, nem sequer valeria a pena começar, visto que no final estamos outra vez no início do processo. Muitos se farão essa pergunta.

No entanto, existe uma diferença extraordinária entre viver a vida e não ter compreendido quase nada sobre o Ser ou perceber conscientemente, amar conscientemente, comunicar-se conscientemente para poder dizer, então, no final: ''Consegui evoluir no meu caminho, valeu a pena!''

Cada um de nós, isoladamente, passa por um processo de aprendizado completamente diferente do processo do vizinho ou do irmão. Descobrir esse nível específico de tarefas consiste em iluminar um pouco a própria sombra. Não basta executar meramente o trabalho diário a fim de ''descobrir'' como se aparam as arestas. É importante para o Eu, para a alma e para o Si-mesmo abrir novos planos do Ser, a fim de expressar a multiplicidade do âmago do Ser.

Devo chamar a sua atenção para um diamante. Para que a sua perfeita beleza passe a brilhar, é preciso reconhecer, entender e introverter mais de 64 facetas, 64 processos de aprendizado. Depois você poderá dizer que já completou 64 processos de aprendizado na vida. Por certo não se trata apenas da capacidade de saber fazer cálculos, mas muito mais de reconhecer as situações e agir de forma direta. Trata-se de viver o amor, e não de excluí-lo da vida devido à cobiça ou ao medo; ou então de viver apenas as emoções.

Um processo importante de aprendizado é conhecer, assumir a responsabilidade em cada situação e circunstância da vida, tomando as rédeas da situação. Trata-se do resultado dos processos que mencionei antes, de modelar o futuro de modo a que os resultados daqui em diante sejam diferentes. Trata-se de um processo de aprendizado que precisa ser usado conscientemente para que surta os devidos efeitos.

O processo de aprendizado chamado vida significa passar de uma estrutura mais grosseira para outra muito mais refinada. Posicionar-se contra alguma coisa é fácil. Há muitas pessoas que vivem fazendo isso. Na verdade elas não têm alternativas para apresentar. E menos ainda sugestões úteis que prestem um serviço à comunidade. Na maioria das vezes só têm idéias relacionadas consigo mesmas e com o seu conforto. Elas querem ter algo e, se for preciso, usarão a força.

A grande transformação depende de cada um

É muito bom saber que no momento se completa uma mudança de consciência no planeta, nascida talvez da necessidade, pois a maioria de nós trilha o caminho do sofrimento. O fato de a consciência poder se desenvolver, de fazer com que o homem assuma uma atitude mais pacífica, que a humanidade abdique da sua ânsia pelo poder e da imposição do terror é algo que me dá forças e esperança. Sei que os homens deste mundo tendem ao aprendizado e sei também que são capazes de amar, que estão dispostos a dar livre curso às emoções e prontos a ensaiar novos passos.

Naturalmente há quem se oponha, há rivais com grande determinação de conquistar o poder, pessoas que pensam que sabem mais a respeito de tudo. Vejo e ouço que muitas das pessoas que antes se alegravam agora sentem satisfação com o mal alheio. Essa é a sombra da sua mesquinhez. Alguém quer ser grande, mas não consegue. "Eu não tenho tanta coragem como os outros; afinal, o mundo é corrupto e, seja como for, creio que eles não estão sendo sinceros. É claro que o resultado só podia ser esse." Eis aí uma pessoa que tornou seu espírito e sua alma pequenos porque não teve coragem para pensar em dar apoio e para pensar em liberdade.

Muitas das pessoas que vivem neste mundo têm mandado conscientemente energias positivas e luminosas para as zonas da Terra, em crise nestes últimos anos. Elas não se deixaram influenciar, impressionar ou deprimir pelas notícias de horror; muito menos se importaram com o fato de poderem ser ridicularizadas. Puseram sua força e seu tempo a serviço do mundo, e seus olhos passaram a ter um novo brilho. Essas pessoas compreenderam que apenas poderemos ser felizes quando a humanidade entender que "só a união faz a força", que só a união lhes permitirá sobreviver. É preciso compreender que temos de servir uns aos outros, que temos de agradecer à Terra e que nos cabe fazer algo por ela. Isso significa viver o amor. No entanto, ninguém lhes agradeceu por terem feito isso. A alegria e a esperança que deram ao mundo foram para elas a maior recompensa possível. Essa constatação lhes dá força de continuar a trilhar esse íngreme e pedregoso caminho. Por certo, compreenderam grande parte do seu aprendizado. Para completar esse processo será preciso que os homens pensem em Tu e em Nós, sejam versáteis e vivam segundo esse princípio em todos os níveis da vida. É claro que isto não é fácil. Afinal, o pequeno Eu também faz suas exigências. Além disso, existem as emoções a serem vividas, a agressividade precisa ser expressa para assim poder ser controlada. Os medos têm de ser superados, e a criança em busca de proteção precisa reconhecer que não está só, mesmo que aqueles que a rodeiam ou o seu melhor amigo se afastem do convívio dela.

Reserve um tempo para você

Talvez você tenha de aprender a reservar algum tempo para você a fim de que possa estabelecer a diferença entre o que é e o que não é importante. Fazendo isso, verá que se torna mais fácil interromper suas inúmeras atividades que só servem para mantê-lo longe de si mesmo; assim, será mais fácil descobrir um caminho reto na sua vida. Pessoas que por causa do excesso de trabalho e de atividade não conseguem mais raciocinar direito são chamadas de trabalhadoras compulsivas. Há pouca diferença entre elas e os alcoólatras, pois ambos mergulham de cabeça no vício. Do que estarão fugindo? Talvez do conhecimento de que as coisas poderiam ser diferentes? De que pode haver algo a ser mudado? Do fato de que talvez o parceiro tenha razão?

Mas que pena! Se existe uma oportunidade de melhorar a vida, por que não tomam conhecimento do fato? Só para provar que têm razão? Mas que razão? Só para não ter de confessar que vêm perseguindo até agora um mero fantasma? Pois então é mais do que tempo de tirar a carapuça. Pois se trata de uma expansão, de uma liberdade maior do que a existente até então. É algo decisivo dizer esta frase: "Agora eu sei mais."

São os homens quem mais ouço dizer que sentem medo de ter a própria virilidade questionada. Acreditam que se agirem da forma que prescrevi perderão a credibilidade ou a aparência. Sobre isso, disse Adenauer: "Que me importa a minha tagarelice de ontem?"

Se um estadista conseguiu dizer isso, os outros homens também deveriam ter a mesma capacidade. Gorbachev também admite, com sua postura atual, ter cometido erros no passado. Por que então o homem comum deixaria de cometê-los? Importante é só o fato de que algo seja modificado ou melhorado quer na vida pessoal, quer no mundo. Se cada pessoa não conseguir fazer isso, se cada um de nós não tiver a coragem de fazer uma auto-análise, que dizer dos políticos? Afinal, eles não passam de indivíduos que também têm medos pessoais. Talvez se lhes dermos apoio, eles tenham a coragem de descobrir novos caminhos que forneçam uma saída para suas preocupações acerca da segurança, da administração padronizada e do mau uso do poder.

Antes de nascer já nos havíamos decidido por esta vida há muito tempo, inclusive pelas circunstâncias e, conseqüentemente, pela missão de aprendizado que ela contém. Na sua sabedoria, nosso Eu superior já se havia decidido a aceitar esse processo de aprendizado na sua forma específica. Existe uma determinada base sobre a qual se pode construir algo. Agora é necessário provar se o conhecimento já está presente, se nossos esforços rumo ao aperfeiçoamento são sérios. Se nosso Eu superior acredita que somos capazes de aprender, como nos atrevemos a duvidar dele? A inércia da matéria é a nossa chance de nos desenvolvermos mais. Se não nos apegamos à materialidade, nossos horizontes se ampliam. É por isso que a Terra é a melhor escola, embora a mais difícil. Nosso corpo, a nossa parte material, é o nosso veículo nesta vida. A persona, portanto, a nossa personalidade atual – Pedro, Helga, etc. – é, simultaneamente, a expressão do nosso Ser. Por outro lado, ela personifica uma forma de aprendizado. Nós mesmos decidimos em nossa totalidade o resultado dos nossos esforços. Ninguém mais, só nós mesmos.

As circunstâncias exteriores, por sua vez, são um meio para nos desenvolvermos – a casa paterna, o tipo de educação, a forma de governo, a cor da pele – e, por outro lado, a expressão do nosso comportamento. Assim que compreendermos isso, teremos dado um grande passo à frente.

Por estarmos agora conscientes de toda a nossa força, sabemos que não são os outros que determinam a nossa vida, não são eles os responsáveis quando algo não dá certo. *Nós* influenciamos o ambiente externo com nosso modo de ser. Sempre dispomos do livre-arbítrio para nos decidirmos por um ou por outro comportamento. *Nós* determinamos os nossos pensamentos, o nosso modo de agir.

Lapide as suas arestas

Temos a inteligência e o sentimento a nos servirem de conselheiros sempre que a possibilidade do questionamento através da meditação ainda não for possível.

Nossa razão, nossos sentimentos e a nossa intuição devem ser consultados. Além disso, devemos prestar atenção no caso de reagirmos alergicamente – psíquica e fisicamente – a alguma coisa. Quando somos atingidos ou reagimos com veemência, isso significa somente que existe algo – algo que não resolvemos, velhos padrões, antigas mágoas, formas pessoais de procedimento. Uma outra pessoa nos chama a atenção para algo que deveríamos ter observado em nós mesmos. Portanto, não se trata de um desaforo, mas de uma ajuda. Através do seu comportamento, essa pessoa nos mostra visivelmente o que temos de modificar em nós. Devemos nos cuidar, devemos esclarecer as coisas. Você ficará surpreso com o que acontecerá assim que eliminar seus bloqueios.

No futuro, você reagirá com mais descontração às ofensas que receber. Você as reconhecerá como tais, porém manterá a calma. A superfície grosseira agora está lisa, o diamante no seu interior foi lapidado e talvez até tenha adquirido algumas facetas adicionais. E, então, você parte rumo à próxima lição do aprendizado. Situações revestidas com uma nova qualidade vêm ao seu encontro, porém isso acontecerá só depois que tiver resolvido as questões antigas, ou seja, quando já as tiver interiorizado.

Se se habituar a considerar as situações da sua vida sob esse prisma para então modificá-las, você terá todo o seu potencial nas mãos. Já não estará mais desamparado, entregue a essas circunstâncias, porém reconhecerá os motivos subjacentes – começará a agir por conta própria.

Estar sem força – desamparado – significa entregar o poder aos outros. Estar consciente significa estar presente e assumir a responsabilidade, ou seja, segurar os fios do destino. E quando você vê as influências, reconhece as correntes. Quando enxergar a sua meta, uma meta que está de acordo e em harmonia com as leis divinas, você obterá apoio dos princípios espirituais. Quando as suas ações também servirem aos outros e as suas intenções forem claras, você obterá sucesso.

O importante é fazer uma minuciosa auto-análise. Simplesmente dizer: ''Sim, eu só quero o melhor'' – embora de fato pretenda manipular os outros para que possa fazer o que tem em mente – não é deixar o acontecimento ser regido pelos princípios divinos. Este acontecimento muitas vezes é algo que serve mais à própria comodidade. Não devemos imaginar que sempre sabemos tudo melhor que os outros.

Só percebemos que agimos dessa forma quando algo torna a não dar certo. Mas o fracasso poderá, na verdade, ser algo positivo. Difícil de compreender, muitas vezes um processo doloroso, porém um fato. Toda experiência negativa contém algo de positivo. Ela serve ao nosso conhecimento. Mas este só é possível quando observamos os acontecimentos com toda a honestidade. É quando vemos o que pode ser melhorado. Quem é inflexível e obstinado não pode captar informações e sempre tornará a viver as mesmas situações até que aprenda a lição.

A observação é o primeiro passo

É bom percorrer novos caminhos, acolher novas idéias, obter novos conhecimentos. Só assim é possível modificar essencialmente algum aspecto da nossa vida, só assim é possível evoluir. É então que a vida se torna uma alegria!

Portanto, convém aprender a disciplinar os pensamentos. A condução consciente do raciocínio é um sinal visível de saúde psíquica e física. Examine os seus pensamentos e tome cuidado com o que diz. Se costuma dizer com freqüência "Mas eu queria dizer...", ou seja, quando tiver de explicar suas afirmações, é evidente que não está sendo claro. Está à deriva. Portanto, é de fundamental importância que obtenha novos conhecimentos.

Interiormente você já sabe disso, eis o porquê de sua afirmação confusa. O Eu continua a se apegar ao pensamento conhecido. Quando se encontrar outra vez numa situação como esta, detenha-se (em vez de brigar) e faça uma auto-análise:

- Por que o que eu disse foi malcompreendido?
- Por que eu o disse *dessa* forma?
- Acaso já fiquei encurralado antes por causa do meu modo de pensar?
- Estarei repetindo padrões paternos ou maternos?
- O que continua confuso para mim?
- Como posso expressar claramente o que quero?
- Por que não tive coragem de fazer isso antes?

Quando tiver chegado à última pergunta, seja inteiramente honesto. Se mentir agora, tudo terá sido em vão. Esta é a pergunta-chave. Aí descobrirá o motivo oculto.

Transforme os pensamentos nos parceiros da sua vida. Em geral, a linguagem é a expressão dos nossos pensamentos. Muitas vezes ficamos apenas "falando por falar". Mas é exatamente nessas ocasiões que os pensamentos brotam do nosso íntimo.

Quando nos observamos, descobrimos muitas coisas a nosso respeito. Faça a si mesmo as perguntas: "Por que agora pensei desta maneira? Por que isso me atinge? Por que me programo negativamente desde o início? Por que, em vez de prestar atenção no que o outro está dizendo, fico avaliando o que ele diz? Aprenda a levar seus pensamentos para a direção que bem lhe aprouver. Os pensamentos geram sentimentos, mas também influenciam as circunstâncias. Pensamentos negativos são desagradáveis. E quem quer coisas desagradáveis?

Ilumine os seus pensamentos. Veja as possibilidades positivas de uma situação difícil. Talvez consiga aprender algo, talvez experimentar algo novo, talvez desenvolver outras aptidões, dar um passo à frente. Dirija pensamentos luminosos para os outros ou para a situação que está vivendo!

Aprenda a ter confiança

Aprenda a confiar no fato de que sempre existe uma solução. O seu Eu superior não espera de você mais do que pode resolver. Existe um motivo para você se encontrar no momento nessa situação.

Pensamentos repletos de luz tornam o seu interior mais claro. Além de mais leve, você se sentirá encorajado. Pensamentos luminosos permitem que o seu Eu superior tenha acesso às energias e às informações. Aprenda a ouvir e a confiar. Aprenda a ter certeza de que quando os pensamentos são harmoniosos você se sente bem. Quando se afasta da harmonia, está se separando da ordem divina. E isso significa infelicidade, dor, perdas, sofrimento.

Tente ver em cada parceiro um amigo ou um mestre. Não é preciso avaliá-lo. Aqui não cabe a expressão: "Eu nunca teria feito isto!"

Quanto mais você se organizar intimamente, mais claro se tornará o seu caminho. E com maior clareza reconhecerá os motivos subjacentes das circunstâncias da sua vida.

Sinta conscientemente que você é um ser humano multidimensional. Pense sempre que vive em três planos: corpo – espírito – alma.

Tal como o corpo, cada um dos outros planos requer toda a sua atenção. Se não lhes der isso, uma parte do seu Si-mesmo ficará aleijado. Se você se limitar a nutrir o corpo deixando o resto por conta dele mesmo, em pouco tempo sua saúde estará comprometida. O mesmo acontece com a alma e o espírito. Todas as partes requerem o melhor possível da sua dedicação. Caso contrário, você viverá com o nariz apontado para o chão, deixará de ver a luz, não sentirá a alegria nem o amor. Tudo se tornará pesado, terá de ser "despertado" pelas perdas e pelas doenças.

Cuide para que haja claridade na sua vida.
Seja carinhoso consigo mesmo, dê espaço à ternura.

Confie em você e no seu interior.
Torne-se forte, na medida em que faz só o melhor.
Demonstre amor e caminhe na direção da luz.
É assim que chegará à unidade.

Estar separado dos planos interiores significa conflito. "Sigo o meu lado melhor!" deveria ser a nossa decisão consciente. Ela nos leva de volta à harmonia.

A consideração pela luz divina que habita em nós é que nos indica o caminho. Ao mesmo tempo, extraímos força de nossas profundezas, do âmago do nosso Ser.

Eu saúdo o Deus que habita em mim.
Eu saúdo o Deus que habita em você.

Dê espaço para a verdadeira nobreza. Contudo, ao lidar com as pessoas, não se esqueça da nobreza interior que elas possuem.

IV. Meditação

Você já tentou várias coisas na vida,
já se perdeu muitas vezes.
De repente, você chega a um portão, e por trás dele
vê um jardim selvagem, abandonado.
O portão está enferrujado, contudo semi-aberto,
como se o estivesse convidando a entrar.
Entre no jardim, observe-o muito bem!

Nesse jardim, você vê uma casa
e, ao aproximar-se da porta, vê
o seu nome gravado no escudo.
Entre na casa e observe como você a organizou.
Mas observe com toda a atenção!

Quantos quartos tem a sua casa?
Quantos andares?
Como é a sua atmosfera?
Você se sente bem ali?
Se quiser se sentir bem na sua casa,
você terá de abrir as janelas e deixar a luz do Sol entrar.
Talvez ela precise de uma limpeza.
Por certo há quartos vazios
ou talvez eles estejam entupidos de velharias.
Faça uma limpeza completa!

No jardim talvez seja preciso eliminar ervas daninhas,
talvez tenha de revolver a terra e semear.
Descubra o que quer mudar e faça-o.
E só então vai se sentir bem,
tanto na casa como no jardim!

5. Alheamento

Há coisas de que não gostamos muito ou que não conhecemos bem. Assim que alguém sabe que tem de enfrentar uma dessas coisas desagradáveis, ele logo desenvolve uma antipatia interior, tornando-se conseqüentemente inseguro e, talvez, até mesmo agressivo. Como sempre, o resultado é negativo. Essa pessoa teve ocasião de comprovar mais uma vez que "não consegue fazer isso". Seu alheamento diante da situação aumenta. "Simplesmente, não consigo fazer isso", – ela diz e, no que lhe concerne, o assunto está encerrado. Pois é isso o que ela pensa!

Mas o que essa pessoa fez? Ela mesma se limitou. Ela se distanciou de algo que faz parte da sua vida e com o que se recusa a se relacionar. Todavia, resta o fato de que ela sempre se verá outra vez diante da mesma situação, até que, afinal, resolva aceitá-la e integrá-la ao seu sistema. Se meramente disser "Não quero você", o subconsciente aceitará literalmente cada palavra dessa expressão, como diz o dr. J. Murphy. Ou seja: essa pessoa se isolou interiormente dessa parte da vida e, conseqüentemente, não mantém nenhum vínculo com ela; é por isso que nunca poderá dominá-la com maestria.

Se você quiser ter êxito em qualquer situação, é preciso se dedicar à questão em pauta, isto é, terá de se familiarizar com ela e intimamente se associar a ela. Vejamos um exemplo da vida diária: você trabalha num escritório, sabe que representa força para a empresa, pois está ciente das suas aptidões. Mas intimamente você mantém distância de tudo o que se relaciona com a parte técnica. Conheço uma senhora que durante anos a fio não aprendeu a lidar com um telefone só porque tinha mais botões do que o normal. Ela tem de lidar diariamente com esse aparelho, mas sempre que tem de apertar algumas teclas, acaba por fazer a ligação cair, em vez de se concentrar por um momento para se "relacionar" com o telefone e cumprir sua tarefa de forma exata.

Mas o que acontece num caso desses? A postura interior é de alheamento. Ela diz a si mesma: "Você (o telefone complicado) é uma coisa boba e por isso nada quero ter a ver com toda a sua técnica. Além disso, sou uma mulher que não liga a mínima importância para assuntos técnicos." Ela se tem "em alta conta", em outras palavras, acredita no velho preconceito de que mulheres e tecnologia não combinam. É dessa forma que ela se separa da sua parte masculina, lógica, da qual se alheia. Simultaneamente, contudo, ela se dedica demais à parte da alma, à parte feminina, que sem uma orientação lógica acabará por levá-la ao caos. É uma situação de risco!

Ela pensa: "O outro telefone é diferente; ele não exige nada de mim, ele simplesmente funciona sem que eu tenha de me esforçar e presta seus serviços."

Você considera bom este procedimento? Eu acho que ela age de forma negativa – contra si mesma e contra o trabalho que aceitou fazer.

Se você realizar qualquer trabalho diário é porque optou por fazê-lo! Você é pago para trabalhar e, portanto, tem de prestar serviços. Além do mais, seria do seu interesse gostar daquilo que faz.

Alheamento devido ao excesso de trabalho

A necessidade de manter certa distância de algumas situações deve ser inerente à sociedade como um todo. Nós, seres humanos, desenvolvemos várias formas de distanciamento além das que abordo aqui. Se tentar pensar no princípio da unidade interior enquanto lê, verá que chega à dualidade devido ao distanciamento provocado pelo pensamento.

O parceiro, em geral o homem (embora, com freqüência, também a mulher), está muito ocupado. Ele/ela trabalha muito, está fazendo constantes viagens de negócios, tem importantes sócios na firma e faz muitas palestras. Não sobra muito tempo para dedicar-se à família. Mas quando esta "pessoa importante" está em casa, tudo tem de obedecer ao seu comando. É claro que desta forma não é possível um relacionamento verdadeiro.

Nesses casos, ouvimos a consagrada expressão: "Quando estou em casa, vocês bem que poderiam ter um pouco de consideração por mim."

Eis um exemplo de comportamento egocêntrico, do dar-se "ares de importância". O outro não passa de um instrumento útil para a demonstração da auto-importância. E essa pessoa vive procurando meios de afirmar seu ego. Se houver um acordo entre os parceiros de uma sociedade conjugal, esse padrão pode se transformar num estilo de vida. Todavia, se esse padrão for disfarçado com a necessidade de ganhar dinheiro "para a família", ele representa uma mentira, pois a pessoa nem sequer está pensando no parceiro.

Aqui se impõe uma pergunta: ele/ela concordou em se casar, mesmo sabendo que não restaria tempo para a convivência? A resposta pode ser que ele/ela precisa do ninho, onde recarregar a alma. Em troca, ele/ela traz o dinheiro. Quando se reconhece esse fato, e ele é discutido sem que se mencione a palavra amor, por certo se trata de um mero acordo de conveniência. Caso contrário, o parceiro não suportaria essa situação por muito tempo, pois ela criaria um certo distanciamento entre o casal, com a finalidade óbvia de castigar o cônjuge ausente. Se ele/ela não tiver força suficiente para reagir, acabará por adoecer.

Alheamento devido à distância

Conhecemos de sobra os assim chamados "fins de semana", e eles funcionam muito bem. Durante a semana, cada pessoa vive conforme deseja, porém, no final da semana se dedica "à família".

Por um lado, trata-se de uma forma ideal de vida, visto que permite bastante liberdade para a auto-evolução, sem retirar a proteção que deve ser oferecida à família. É óbvio que não há nenhuma semelhança entre esses finais de semana e aqueles em que alguém passa os dias com um amigo do sexo oposto sem que se criem vínculos mais profundos.

Se esses amantes passassem todo o tempo juntos, com certeza o relacionamento logo se deterioraria, já que nenhum dos parceiros está disposto a renunciar à própria liberdade e, obviamente, só quer desfrutar dos momentos agradáveis. Eles podem ir juntos ao teatro, fazem companhia um ao outro nas reuniões sociais, visitam os amigos e, tanto nas férias como nos finais de semana, não correm o risco de ficar sozinhos. Contudo, nesse caso nunca existirá um verdadeiro relacionamento íntimo, pois o egoísmo de cada uma das partes é grande demais.

É evidente que se trata aqui de um alheamento interior em que a pessoa se afasta da união e do parceiro. Este não é aceito na sua totalidade. Basta suportá-lo alguns dias, e logo começam as brigas. Em outras palavras, esse é um relacionamento "morno".

Naturalmente, há varias explicações para o fato de esse tipo de situação não ser modificado. Por exemplo, ele "tem de" trabalhar em Hamburgo, embora ela more em Munique, como se tanto numa como na outra cidade não houvesse outras pessoas agradáveis para escolher! Mas essa situação é conveniente para que se possa manter o distanciamento, para que não se tenha de fazer uma escolha definitiva na vida.

Alheamento por apego ao parceiro

Quanto mais perigosa ou excitante a situação, quanto mais imperativo o distanciamento, mais interessante é o relacionamento. De repente, despertam-se emoções de grande intensidade. E ousa-se dar vazão aos sentimentos, pois não se corre nenhum risco. A seu modo, o outro está "muito distante". Trata-se de uma situação atraente, de conotação dramática, que serve como uma maravilhosa desculpa para *não* se iniciar um verdadeiro contato mais íntimo.

Apesar das contrariedades, a situação é rotulada como "agradável" e "excitante". Dá-se grande importância para o Eu. Além disso, os parceiros são sinceros: eles precisam viver as situações rotineiras e, ao mesmo tempo, fazer uma análise dos próprios sentimentos. São desfrutadas apenas as "horas excepcionais" – por certo, isto nada tem que ver com o amor, talvez só diga respeito a uma paixão. A alma pode se desenvolver até certo grau, o Eu não tem medo de se arriscar a ser ferido. Tudo não passa de uma linda ilusão.

É quando se torna necessário descobrir o motivo do medo subjacente de se "ligar", caso contrário sempre se encontrarão novas formas de distanciamento. Contudo, o Eu é muito forte. O Tu só existe para acentuar a importância do Eu; serve apenas para realçar o problema. Raras vezes se analisa a situação propriamente dita. Vejamos alguns exemplos.

A pessoa é orientada para o sucesso, tem uma boa aparência graças à posição social, viaja bastante a trabalho. Esse contexto é fundamental, pois confere importância à pessoa. O casamento pouco importa. O parceiro só existe para atender às fantasias dela.

Esse é um comportamento tipicamente masculino (embora não se trate de um privilégio do sexo masculino) e comum no homem com preceitos morais conservadores, cuja mentalidade é a do pequeno burguês. Em geral esse homem desejará impor seus ideais à companheira. Ele mesmo não consegue se entregar na relação. Assim, sua contribuição para o entendimento mútuo é mínima. Se a parceira tiver certa dose de autoconsciência, não suportará esse comportamento por muito tempo. Infelizmente, o homem é ajudado por um instinto muito forte na descoberta de uma "paciente sofredora". Mesmo assim, o homem logo se aborrece com a companheira por ela não ter personalidade forte o bastante. Por ser servil demais, ela acaba por se desvalorizar.

É o subconsciente que determina o nível em que é classificada de acordo com o julgamento que faz de si mesma como uma pessoa menos valiosa do que os outros, com falta de personalidade.

Mas quando um dos companheiros (tanto faz se homem ou mulher) passa a desenvolver personalidade própria, deixando de se sujeitar ao esquema habitual, logo é considerado mau. Isso porque passou a ser alguém importante, alguém que se afirmou por seu sucesso pessoal. Aqui fica bem visível como um parceiro é orientado pelo Eu e não mais pelo Nós, afastando-se assim do outro. Na verdade, trata-se de uma pseudo-união, visto que não existe a esperança de ser durável; tampouco existe conteúdo interior.

Com freqüência vemos casos em que uma pessoa se relaciona com alguém já comprometido, mas gosta de se envolver em aventuras extraordinárias, talvez com o chefe, com um amigo ou com alguma personalidade importante – caso em que estão se realizando os sonhos da própria persona por meio do outro, o que acaba sendo um castigo.

Essas ligações extraordinárias podem ter longa duração e sempre são valorizadas demais, pois, no íntimo, os parceiros sabem que a concretização da união que idealizaram e a expressão da própria personalidade não são possíveis. Em essência, trata-se apenas de imaginar que é preciso que exista algo para que o Eu seja feliz.

O fato de esse tipo de comportamento ser mais comum entre os homens me levou a escolher este exemplo. Todavia, nos últimos tempos tenho notado que isso deixou de ser uma prerrogativa masculina, pois cada vez mais mulheres vêm demonstrando sua personalidade, embora essa expressão seja bem mais suave.

Alheamento devido à divergência de interesses

Um exemplo: um dos parceiros é extrovertido e se interessa pelas coisas de pouca duração. O outro é introvertido e tende à inibição. Poderíamos dizer que um precisa do outro como uma compensação para os próprios anseios. No entanto, cada uma das partes condena sempre mais o modo de ser da outra. Não se concretiza uma união. Pode-se antever uma separação, mesmo que não tenha sido planejada consciente ou inconscientemente. Pessoas com personalidade instável aceitam pacificamente esse destino, em vez de tentar defender os próprios pontos de vista. As regras do jogo são modificadas, pois está evidente que ambos se propuseram a jogar.

Contudo, desde o início existe certo distanciamento interior devido à divergência de interesses. Só pode haver uma unidade verdadeira caso exista grande dedicação de um parceiro pelo outro e atenção de parte a parte. Torna-se difícil construir uma ponte devido às diferenças de personalidade. Só a imersão profunda na alma ou alguma situação que ameace a união podem ajudar a construir essa ponte.

Aqui os opostos se ressaltam e é quase impossível haver um acordo de personalidade, tendo-se em vista o distanciamento que existe desde o princípio. Nesse caso, temos o distanciamento provocado pelas posições morais de uma das partes e a leviandade com que estas são avaliadas pelo parceiro. Cada um dos parceiros gostaria de ter algumas das qualidades que admira no outro, por exemplo, o modo como este enfrenta situações que ele mesmo não sabe como encarar. Levando em conta o fato de as diferenças entre ambos serem grandes demais, uma previsão de separação é viável desde o início do relacionamento. O importante é reconhecer que o outro se sente atraído exatamente pelas diferenças de personalidade que, quando se manifestam na vida diária, acabam por provocar o distanciamento que, por sua vez, impede a existência de uma união duradoura.

Alheamento devido às uniões por interesse

As uniões em que está implícito o fator do interesse já têm contornos claramente delimitados mesmo antes que os fatos aconteçam. Num casamento, ou numa união semelhante, em geral uma das partes entra com o dinheiro, mas com freqüência tem mais idade; a outra, para compensar, traz a "beleza e a juventude". Quando essas fronteiras são claras e cada um dos implicados pode ver com clareza as intenções da outra parte, há mais bases para se lidar com as circunstâncias do que quando elas não existem. Mas se não for esse o caso, chegamos à união por interesse do tipo mais vulgar que existe.

Essencialmente, não se trata de um mero distanciamento interior do parceiro, mas sim de uma alienação ao próprio conhecimento e ao amor. Aquele que se vende de modo tão simples não tem coragem de enfrentar a vida por conta própria. Procura alguém que faça o trabalho por ele, procura um ombro em que se encostar ou um manto agasalhador sob o qual possa se esconder. Com a ajuda dessa proteção e dos relacionamentos dessa pessoa com outras ela pode começar a organizar a vida. O risco de que as coisas não dêem certo é mínimo, já que o outro o assume.

Tenho constantemente encontrado jovens mulheres cujo maior desejo é o de se casar tão logo terminem os estudos, em vez de primeiro se estabelecer por conta própria. Elas saem de uma segurança (do lar paterno) para outra (na maior parte das vezes, o marido é mais velho), fugindo assim da responsabilidade por si mesmas. E muitos homens ainda se sentem lisonjeados por terem reconhecido seu "senso de proteção" e por serem considerados sem reservas "os maiores". Até que haja um retrocesso nos negócios. A antiga "boa garota" passa a menosprezá-lo em público. Afinal, ele ousou causar-lhe uma preocupação!

O distanciamento que mulheres desse tipo constroem na alma só pode se manifestar através de doenças.

Será que vale a pena? Acaso, desperdiçar dessa forma a vida pode ser reconhecido como um sucesso? Perder o respeito por si mesmo, desperdiçar o amor e o riso? Enfim, vale a pena não dar o amor incondicional aos outros, como seria correto, mas simplesmente sacrificá-lo ao "deus do ouro"?

Que em conseqüência aconteça o mencionado alheamento nas relações é um fato óbvio e lógico. Sair desse círculo vicioso é muito importante e só é possível através da percepção intuitiva. O caminho é recuperar o relacionamento com o próprio interior, com o mundo de sensações individuais, com a ética, e estabelecer valores no que diz respeito à beleza e às pessoas deste mundo. Nunca é tarde demais. Apenas deixamos de ver a luz no caminho e nos perdemos momentaneamente.

Tenha a coragem de amar! Esse sentimento lhe trará mais riquezas do que a felicidade exterior. Esse sentimento interior de ligação com outro ser humano lhe abrirá as portas da bem-aventurança e lhe permitirá ver a luz, lhe permitirá ver um mundo claro e um pingo de orvalho que reflete todas as cores do arco-íris. Conserve essa imagem no seu íntimo e viva de acordo com ela.

Alheamento devido à idealização

O alheamento ocasionado pelo fato de se "idealizar" um outro ser humano num relacionamento, o que por isso mesmo se torna impossível, é mais um "obstáculo" a impedir a plenitude da vida, pois nos separa dos nossos valores interiores. Pode tratar-se de uma paixão juvenil ou de um "parceiro idealizado em sonhos". Um relacionamento já existente pode ser ameaçado por semelhante idealização. Em geral, essa atitude se deve à pouca maturidade de um dos parceiros que acredita não ter suas expectativas e vontades atendidas no casamento. Por isso procura satisfação em aventuras extraconjugais. Com freqüência, no entanto, encontrará parceiros com o mesmo tipo de problema, ou seja, em busca de uma plenitude que nunca poderá ser encontrada, pois só existe em seus sonhos. No entanto, se uma dessas pessoas "descobrisse" um parceiro ideal, logo aconteceria uma tragédia, pois, na verdade, nenhum dos participantes do relacionamento tem condições de atender às elevadas pretensões do outro. Cada um dos namorados está convicto de que o outro tem a obrigação de satisfazer sua ânsia de felicidade. Sua contribuição pessoal para que isso ocorra em geral é mínima nesses casos. Contudo, a maioria desses "aventureiros" não desmancha o antigo casamento, pois instintivamente pressente que muita coisa depende apenas deles mesmos, embora não estejam em condições de fazer nada. É mais cômodo, e essencialmente muito mais impressionante, fingir-se de vítima e considerar o fato de se distanciar do cônjuge como uma atitude justificada. Interessante é o fato de tais pessoas gostarem de se afundar no sofrimento. Caso não sofressem, a vida lhes pareceria vazia. Falta-lhes a criatividade e a disposição de contribuir para a própria felicidade. Têm uma vaga idéia dos seus sentimentos e passam a "romanceá-los". Distanciando-se do companheiro, estão se distanciando da própria alma, do próprio mundo sentimental. Estilizam o pequeno Eu, transformando-o numa figura dramática. Fazem isso para ao menos terem sentimentos de "algum valor", visto que não conseguem expressar a verdadeira individualidade e a grandeza da sua alma.

É quando o homem entra em contato com as camadas mais profundas da sua personalidade. Ele precisa reconhecer que no seu íntimo há sentimentos e valores que podem ter algum significado e que lhe darão a sensação de plenitude, ou então reconhecer a importância de si próprio. É assim que ele descobre o conteúdo da sua personalidade, não precisando mais estilizá-la a partir do exterior. Ele desbloqueia o distanciamento interior, entra em contato com os valores e sentimentos que possui e, conseqüentemente, torna-se capaz de eliminar o distanciamento do verdadeiro parceiro e da sua essência de alma.

Alheamento devido à fixação materna

Normalmente a mãe é a pessoa mais importante da nossa vida. É ela quem nos pode transmitir proteção, segurança, amor e alegria. É ela também que nos ensina a ter coragem para enfrentar a vida e que, com sua força, nos transmite a autoconfiança. Se ela deixar de fazer isso, tentando proteger o filho de todo o mal, o jovem não aprende a ter responsabilidade: mais tarde, será um egoísta ou uma pessoa incapaz e medrosa para enfrentar a vida. É importante que uma criança aprenda a ter responsabilidade e é importante que lhe dêem tempo para aprender. Muitas vezes os pais não têm a paciência necessária e lhe dizem: "Deixe para lá, você não sabe mesmo fazer isso!" Afirmações como essa desencorajam o adolescente, em vez de tornálo independente. Todos os seus impulsos são reprimidos. Os pais agem dessa maneira ou por medo, ou inconscientemente, tentando manter o filho na dependência da mãe. No entanto, se as afirmações partirem do pai, trata-se de um modo inconsciente de concorrência e, antes que esta se manifeste, convém "cortar as asas do passarinho", para que este nunca voe melhor do que ele. Ao contrário, a mãe se apega mais aos filhos quando carece de auto-estima. Talvez o marido tenha suas aventuras extramatrimoniais, mas o filho, este lhe pertence. Nesses casos, filhos homens são tratados como bebês, mesmo que já sejam crescidos. Até mesmo a visível puberdade que se aproxima é desconsiderada. Quase não será mais possível o estado de dependência maternal desse filho. Que outra mulher ousaria concorrer com a mãe do rapaz? Nenhuma outra mulher poderá preencher o lugar da mãe, cuja força é tão incrivelmente grande que se impõe principalmente às pessoas com pouca personalidade. Faça esse filho o que fizer, ele é maravilhoso aos olhos dela e também um ideal. Ele é educado como um pequeno príncipe, não comete erros e nele não há nada a condenar. Se acontece uma infelicidade, por menor que seja, ela se transforma num drama. Novamente, o filho é o centro das atenções, e ela apresentará todas as justificativas possíveis para o fato de ele não saber ler e por ter de repetir de ano na escola. O término do tempo de aprendizado escolar pode ser visto pela mãe como uma possível separação.

Não só os filhos mas também as filhas podem crescer sufocados pelos cuidados maternos. Nesse caso, desde a infância existe uma espécie de mescla de amor e de ódio, e ambas, mãe e filha, sempre se verão em situações de confronto. A filha, por sua vez, se torna mãe, mas o relacionamento conjugal se corrói devido a circunstâncias tão estranhas que ela tem de voltar ao lar materno. As netas também não escapam do mesmo destino. Na maioria das vezes, são egoístas e evitam que algum homem penetre nesse "sagrado" mundo feminino.

Aqui a mãe é a pessoa dominadora. A adolescente não aprende a extravasar livremente seus sentimentos e a desenvolvê-los. Todo tipo de sentimento é determinado e avaliado pela mãe. Assim como no caso anterior ela escolhia as roupas do filho, aqui ela diz o que é bom e o que não é bom para a filha. Ela sempre tem um comentário na ponta da língua e manipula a jovem, apelando para algum tipo de sentimento de culpa.

No caso dos filhos, isso pode se transformar em narcisismo, em homossexualidade, em hipocondria ou numa terrível inibição. Entre filhos que vivem só com a mãe encontramos o maior número de asmáticos. Que tudo isso não se relaciona com a educação e com o amor deve estar claro. O que a mãe faz nesse caso é transmitir sua incapacidade de amar e de criar a própria vida com alegria e liberdade, e desse modo ela é uma influência nociva para a criança.

Isso não significa que todos os acontecimentos que acarretam fracasso em nossa vida devam ser atribuídos à mãe. O ser humano jovem também tem a capacidade de se decidir. Muitos adolescentes já compreendem esses inter-relacionamentos e se libertam conscientemente da família e da mãe, a fim de tomar as rédeas da própria vida. Posteriormente, eles terão de proteger a própria família do severo julgamento da mãe, do qual ninguém escapa. Com o tempo, podemos aprender a enxergar por trás desses mecanismos, como a pressão através da doença e outras chantagens emocionais. Então a alma poderá enfrentar a vida e cumprir sua tarefa.

Se a alma for suficientemente forte para fazer valer os seus conhecimentos e o anseio pelo amor à unidade, ela encontrará o caminho que a liberte do dilema. A sua força interior pode ultrapassar todos os limites. Em todos nós vive a necessidade do amor, da liberdade e da luz. Precisamos apenas de coragem para vivê-los. Quando temos êxito, podemos ultrapassar o alheamento interior e exterior.

Alheamento devido à fixação paterna

Conforme o desenvolvimento da criança e a estrutura familiar, há possibilidade de ocorrer uma das formas de fixação paterna, quando o pai é o único a mandar e quando ele só dá amor e carinho em recompensa por qualquer bom desempenho do filho. Na maioria desses casos, a mãe é despersonalizada e não consegue se impor ao marido (nesse tipo de união, esse fato não é intencional). Ela permite que o marido a humilhe e, com o tempo, os filhos também passam a desvalorizá-la. Finalmente, ela apenas continua vivendo. No entanto, quando é capaz de ao menos transmitir aos filhos amor e segurança, o conflito da fixação paterna não acontecerá: em geral ela também dá apoio ao marido, e os filhos percebem esse fato.

Mas se a vida é determinada unicamente por ele, que dita as normas, os filhos se empenham em cumpri-las. Todavia, para uma criança é difícil ser igual ao pai – e ele faz com que o filho perceba o fato. Afinal, ele quer preservar o seu papel de dominador e não permitirá que o filho adolescente o destrone. A filha é educada com a mesma rigidez, pois "afinal" não passa de uma mulher. No entanto, esta também se esforça para atender os desejos do pai, e é dessa maneira que consegue o seu reconhecimento. Muitas vezes, ela até mesmo renega o seu lado feminino e se comporta como um rapaz. O pai fica orgulhoso da filha, tão esforçada, e é até capaz de lhe dar apelidos masculinos.

Muitas vezes essas meninas têm acessos de enxaqueca assim que começa a puberdade. Na medicina psicossomática, isso é definido como "estar sob excesso de tensão". Elas se esforçam por fazer as coisas e posteriormente acharão difícil desistir dessa postura. Elas competem com todo homem que encontram, desejam ser melhores do que o próprio homem em tudo.

Conheço uma mulher que provém de uma família desse tipo. As duas filhas e os dois filhos viviam sob constante pressão. Essa mulher até ficou com formas masculinas e se decidiu por uma profissão em que podia dizer às outras pessoas o que elas estavam fazendo errado – a astrologia. Seu marido não chega mentalmente aos seus pés: é ela quem determina o que tem de ser feito, e ele obedece e educa amorosamente os filhos.

A sua irmã tem a voz e um porte igualmente masculinos. Nunca pensou em se casar, embora sinta falta de uma família. O irmão predileto, que nunca conseguiu de fato aceitar essas exigências familiares, por ser do tipo sonhador, desistiu da luta quando tinha 29 anos e cometeu suicídio.

O único a se salvar foi o segundo irmão. Ele está casado e vive intensamente seus sentimentos. É inteligente, todavia gosta de brincar com os filhos como se fosse criança. Ele conhece o problema das irmãs e sabe que não pode ajudá-las. Elas simplesmente o venceriam com a sua verborragia.

O pai apenas exigiu desempenho durante o tempo todo; só tinham importância os que fossem bem-sucedidos. Essa jovem mulher que vivia buscando uma solução para seus problemas a fim de se livrar dos ataques de enxaqueca começou a ver os motivos subjacentes da sua problemática, mas apenas os elaborou do ponto de vista intelectual. Assim, atribuiu a culpa ao pai. Ela jamais confessou a própria fraqueza. Começou a odiá-lo, a culpá-lo pela morte do irmão, por causa do seu modo de ser – e isso não mudou nada. Ela chegou a se casar, mas com um homem que também tinha medo de enfrentar a vida: foi assim que pôde assumir o papel masculino no relacionamento. Teve filhos, todavia sofre de enxaqueca até hoje.

Aprendeu e pratica uma forma de astrologia puramente intelectual. Ela encara os clientes com superioridade e despreza mulheres "femininas".

O que ocorreu neste caso? Essa mulher continua sendo a menininha que quer agradar ao pai e que, apesar de toda a sabedoria, só esmola o seu amor. Todo o seu comportamento, toda a sua vida são orientados pela aprovação paterna. Até o corpo ela conseguiu masculinizar, já que o pai não queria as filhas. Você acha isso possível? Sim, é! Desde criança ela aprendeu a negar a si mesma. Nunca teve acesso ao seu verdadeiro ser. Reduziu esse contato ao pequeno Eu e ao intelecto a ele associado. O alheamento ao mundo de sentimentos, à alma, é bem visível aqui. Quem tem de viver o lado intelectual com tanto empenho acaba por sofrer de constantes enxaquecas.

Essa maneira de representar força é fraqueza. Essas pessoas têm medo de mostrar os sentimentos porque acreditam que dessa forma perderão sua superioridade. No entanto, ao fazerem isso, são muito mais inferiores do que qualquer pessoa que tenha ao menos um pouco de capacidade de amar, mesmo que, intelectualmente, seja muito simples.

Uma outra forma de fixação paterna é o caso em que a mãe assume o papel dominante na família e o pai cuida dos filhos com amor.

Cito um caso que analisei: uma jovem mulher sempre tornava a encontrar homens "errados", que, de uma forma ou de outra, eram fracos. Embora fosse pedagoga e orgulhosa, não conseguia se defender deles ou perceber o que havia por trás de "suas lindas palavras de amor". Do lado materno, sua família é de Viena e foi lá que passou parte da infância. Embora tivesse sofrido sob o domínio da mãe, ela gostava dessa "humilhação vienense" que sempre acaba por ter de enfrentar novamente. A fraqueza do pai diante da mãe a tornava sua aliada, embora mais tarde soubesse que quanto ao assunto "mulheres" ele não tinha nada de correto. O pai enviou sua jovem esposa para o campo, tirando-a da cidade para poder se divertir. No entanto, o pensamento cristão era cultivado, e todos os domingos ele ia à igreja.

Essa jovem senhora se divorciou porque descobriu que era traída pelo marido, coisa que sua mãe nunca ousara fazer. Inconscientemente, ela "mostrou" à mãe que tinha um caráter mais firme. Contudo, só ousou dar esse passo depois que a mãe morreu. Assim, teve de cuidar do pai que, por sua vez, precisou cuidar dela.

Cada uma das suas amizades apresentava algum tipo de problema: comparava cada amigo com o pai e com a paciência demonstrada por ele. Embora os homens deixassem evidentes suas fraquezas, ela não conseguia enxergar os inter-relacionamentos. Sempre dava um jeito de ter algum motivo para buscar refúgio junto ao pai, contando-lhe suas mágoas, chorando no ombro dele.

Mesmo quando teve um filho e o pai da criança não quis se casar, foi o pai dela quem precisou ampará-la; e por este ela chamava repetidas vezes quando havia algum problema.

Essa jovem senhora ao menos conseguiu superar o clichê de que "não devemos nos divorciar". Contudo, ela não conseguiu se livrar da fixação paterna. Tive a impressão de que depois de reconhecer conscientemente essa fixação, o problema se agravou ainda mais. Exteriormente, ela parecia se apegar às convenções sociais, mas no fundo continuava a menininha que endeusava o pai. Sua silhueta e o modo de se vestir acentuavam esse comportamento.

O que aconteceu nesse caso? Como na infância ela tolerou pacientemente o papel masculino, mais tarde passou a apreciar homens cujo comportamento fosse terno. Ela experimentava a energia masculina através do domínio maternal emparelhada com a sua eloqüência, que não teve de ser necessariamente rica de conteúdo. Portanto, inconscientemente, ela imaginou que se combinasse a adulação com um comportamento submisso, os homens lhe dariam segurança e amor. Por outro lado, poderia provar ao pai que ele era o melhor dos homens. Ela não ousou viver a própria energia do animus. Sempre dependia de alguém, sempre tinha de retornar ao pai, em vez de controlar a própria vida. Ela não queria representar o papel da mãe, mas queria ser uma mulher mais completa para o pai.

Essa divisão interior a levou a tal estado de tensão que passou a abusar do corpo. O medo de fazer algo errado (por exigência da mãe) a impelia profissionalmente para a frente, mas não a ponto de se sentir orgulhosa. O medo de perder também o amor do pai fazia com que se apegasse ao papel de criança. Dessa forma, ela se aferrou inconscientemente ao clichê arquetípico do homem forte, cabeça do casal, e da mulher como alguém hierarquicamente inferior, da mesma forma que a filha obediente. O distanciamento da própria energia do animus tornou possível ela deixar que o pai lhe desse essa força, para que fosse o que sempre teria de ser, ou seja, alguém que a protegesse, um homem grande e forte – o que, na realidade, ele nunca foi.

Aqui falta a coragem de ver as pessoas exatamente como elas são e amá-las apesar de tudo. A responsabilidade pelo controle da própria vida exige a energia masculina, o animus. Se houver um distanciamento interior dessa energia porque o Eu acredita que tem de se manter pequeno para ser amado, não há como expressar o animus e, conseqüentemente, surge o medo. Na maioria das vezes, a sensação de medo atinge o plexo solar como um choque. A pessoa não se mantém ereta, o modo como expressa a vida não é franco. Problemas da coluna associados a essa questão são freqüentes.

Mas não são só as filhas que se fixam no pai, o mesmo também pode acontecer com os filhos. O pressuposto necessário é o de que o pai manifesta seu poder de alguma forma. ''O meu filho'' tem de ser assim ou assado; ele tem de mostrar suas qualidades; seus amigos não pertencem a famílias comuns. O filho é levado a uma determinada forma de vida – ele mesmo, seus desejos e talentos não são levados em consideração. Mesmo quando ele tenta, durante certo tempo, seguir suas tendências (sem que lhe perguntem quais são), ele por certo não obterá ajuda. Nesse caso, a única lei válida é a imposta pelo pai. Na maior parte das vezes, o rapaz acaba desistindo e se submete às exigências paternas. Está claro que ele nunca será tão bom como o pai. Acontece que se ele vender toda a sua alma acabará se tornando uma pessoa emocionalmente fria.

Quer por resignação, quer por aceitação da idéia do poder, em ambos os casos o filho não vive a própria vida, mas a do pai, ou seja, a que este determinou. Eu chamo a isso de desistência do Eu. No momento em que o ser humano desiste de sua imagem interior e adota a de uma outra pessoa, ele renega a si mesmo. A alma perde a sua força. O homem permite a possessão. Mas, quando essa alma encarnou nessa associação familiar, ela acreditava poder dominar essa tendência e, dessa forma, se fortalecer. Mas isso só poderá ocorrer se o pequeno Eu tomar conhecimento do apoio que lhe é oferecido e descobrir o seu caminho.

Talvez você diga: "Como uma criança pode fazer isso?" Ou então: "Um jovem não tem como se defender de uma tal pressão." No entanto, muitos conseguem. Primeiro, eles talvez não sejam capazes de fazê-lo enquanto dependem da família, mas depois conseguem a coragem de viver a própria vida; muitos usam o que aprenderam de forma totalmente diferente da imaginada pelo pai. É quando há o corte do cordão umbilical. Quando ele não ocorre, estamos lidando com uma espécie de marionete.

Todos temos de passar pelo processo do corte do cordão umbilical. Ninguém tem o direito de atribuir ao pai, à mãe ou a outras circunstâncias quaisquer a culpa pelo próprio fracasso. E, se até agora você não conseguiu cortá-lo, por favor, comece já! Nunca é tarde demais para seguir o próprio caminho. Tenha coragem. Essa é apenas uma das facetas da sua personalidade. Você é mais do que essa faceta. Trata-se do distanciamento de apenas um dos seus vários traços característicos. Aprenda a ter confiança em si mesmo!

Alheamento devido à doença

A doença é a expressão do nosso Ser. Ela pode indicar um comportamento falho, conseqüentemente pode ser um processo de aprendizado para nossa vida. Se seguirmos essa linha de raciocínio, a doença pode ser evitada. Por outro lado, a doença também pode servir a determinada finalidade, mais precisamente a de manipular os outros ou a de fugir da vida.

Isso se torna muito evidente, por exemplo, na mania de ser magro (anorexia nervosa), cada vez mais freqüente. Na maioria das vezes, as crianças são muito boas e adaptáveis até chegarem à puberdade. De repente surgem certos impulsos, e, além disso, as sensações físicas se tornam mais intensas. Como nessas famílias às vezes muitas coisas são disfarçadas, deixa de haver a honestidade, pois se costuma manter as aparências de algo que não existe no íntimo, e o jovem passa a ter um conflito. De um lado os impulsos, ou seja, o que deve ou não ser feito; de outro, a carência de autoconfiança e de personalidade.

A família é usada pela maioria dos seus membros como um apoio. O pai assume a posição de dominador porque tem o dinheiro. A mãe compensa sua fraqueza, sua vontade de ter uma vida própria, por meio de uma intensa vida doméstica, na qual deseja exercer poder sobre os filhos na forma de exigências. Estes obedecem, embora sintam que a couraça que ela veste está enferrujada.

O fato de a maioria das adolescentes ter mania de magreza representa uma espécie de recusa em aceitar a feminilidade e tudo o que consideram estar associado a ela. Por outro lado, é a primeira vez que elas sentem que são dotadas de poder e que todos os outros estão desamparados. Cada vez mais se acham importantes e observam, ironicamente, os esforços que os outros fazem no intuito de salvá-las da morte. A isso se acrescenta o fato de conseguirem disfarçar com a fraqueza física e a ausência da menstruação os "seus horríveis impulsos de natureza sexual". "Ainda sou uma criança e não tenho desejos sexuais", dizem apegando-se ferrenhamente a essa mentira. Nesse caso, é criado um distanciamento artificial da vida, pois o exemplo que têm não lhes parece digno dos seus esforços. Se o traço característico dessa moça for a avareza, isso dificulta ainda mais a situação.

Temos de reconhecer claramente que esses jovens estão unicamente concentrados em si mesmos e que a realidade deles não transcende o plano corporal. Toda ação é determinada pelo pequeno Eu, que, portanto, não dá espaço nem para a grandiosidade nem para o amor.

Para vencer essa doença, requer-se a ajuda de toda a família. Aqui cada um dos membros tem de contribuir para ocorrer uma mudança subliminar e surgir a honestidade. Não deve haver nenhum tipo de manipulação. Se for preciso, esta deve ser francamente assumida. De qualquer maneira, a cura não é possível sem a ajuda terapêutica. Esses jovens nunca se livrarão dessa forma de domínio do poder se eles mesmos não se modificarem interiormente e se não aprenderem a introduzir novos valores na vida.

Entretanto, outras formas de doença também podem ser usadas para o mesmo fim, de modo a criar um distanciamento entre o doente e a outra pessoa ou entre o doente e a própria vida. A discrepância evidente não é questionada, pois o medo da perda de segurança no relacionamento é maior do que a coragem de mostrar a própria personalidade. Assim, o parceiro é manipulado e ainda tem de ouvir a acusação de não fazer o outro feliz.

O pressuposto essencial para ser feliz é a honestidade. Não espere que os outros sejam honestos com você, se não estiver disposto a ser honesto também! Caso esteja infeliz, analise os seus sentimentos. Deixe de lado suas expectativas e se ajude a ser feliz.

Você não aprecia o fato de o seu companheiro passar tantas horas no escritório? Mas até que ponto você torna a volta dele agradável? Acaso você não o atormenta desde que chega com uma série de acusações e de conversa fiada? Você programou alguma coisa especial para esta noite? Quando foram ao teatro pela última vez? Ele nunca compra as entradas? Será que você já não está suficientemente crescida para ir comprá-las? Será que você não está exigindo apenas que ele a mime?

Tudo isso não passa de reflexões para transpor o distanciamento onde deveria haver uma unidade. A ponte para o outro só pode ser construída pelos dois lados; no entanto, um deles tem de começar a construção. Se você me perguntar, "por que sempre tem de ser eu?", está perdendo a chance de entrar num novo país. Se, apesar de sua preciosa ajuda o outro não conseguir transpor a distância que os separa, é provável que ele não esteja conseguindo o mesmo com você, mas que isso seja possível com outra pessoa. Encoraje-o a tentar com você também! Através da sua franqueza tente fazê-lo deixar de ter medo. Você não tem nada a perder, no máximo lucrará com a conquista de um novo amigo!

O modo como o mundo se apresenta diante dos seus olhos é o modo como você o vê. O comportamento que as pessoas têm para com você se relaciona com o modo como você lhes mostra que devem se comportar. Caso se relacione com alguém mostrando "reservas", dificilmente será recebido de braços abertos. Preste atenção nas suas palavras. Acaso não há tons velados no que diz? O timbre da sua voz é amoroso ou áspero? Analise o porquê de sempre achar que os outros estão pensando em tirar vantagem de você. Ouça o que diz. É você mesmo quem acredita nisso. Comece a análise em você mesmo.

Modifique seus pensamentos acerca dos outros, e verá como o mundo se torna diferente. Tente vencer seus medos e suas limitações. Pare de se distanciar da vida, do amor e da criatividade! Desista de se manter alheio aos próprios sentimentos e anseios e ouse dar um passo para fora, para o sol!

O alheamento é importante

Para que tenhamos liberdade na vida é necessário o alheamento. É preciso nos distanciarmos das coisas que nos possam dominar, das pessoas que, pela expressão descontrolada de sentimentos ou pelo desejo de poder, nos possam causar mal. Trata-se de um alheamento interior das coisas exteriores, o que nos permite ser livres. Esse tipo de alheamento nos ajuda a amar as pessoas, ainda que percebamos suas fraquezas. Ele até nos dá força para tirar essas pessoas da prisão de medo em que vivem.

Não se trata de uma obrigação de agir de um ou de outro modo, mas de um processo consciente e amoroso. Esse tipo de distanciamento não pressupõe medo. Permite que abordemos qualquer situação com toda a franqueza, conscientes de que nada nos pode acontecer, visto que no íntimo não resistimos a nada.

Não é preciso que você tente moldar os acontecimentos de uma determinada forma, pois se for franco e positivo eles tomarão um rumo bem determinado. E você mesmo poderá reconhecer e decidir se esse rumo o agrada ou não. Não é preciso julgar, exercer pressão ou ser um "grande realizador". A situação se desenvolverá de modo favorável ou não. Mas acontecerá o que é certo quando você aprender a encarar a vida com os sentidos receptivos e alertas. Logo aprenderá a ver como foi bom que as coisas acontecessem da forma como aconteceram.

Quando se tem esse desapego interior e a confiança em si mesmo e na vida, ou na Criação como tal, é possível usar as energias para alcançar um determinado fim de modo mais eficaz.

Enquanto o Eu se considera importante e acredita que é "o umbigo do mundo", a vida gira num pequeno círculo, e o desgaste de energia é enorme. Mas quando se aprende a diferenciar os sentimentos e se conhece o âmago do próprio Ser e as suas necessidades, sabendo distingui-los dos processos enaltecedores aos quais o pequeno Eu está acostumado, torna-se muito mais fácil deixar o distanciamento libertador tomar conta da vida.

Poderíamos acreditar que ser franco e, ao mesmo tempo, manter distância contém em si uma contradição. Mas não é esse o caso. Quando se é de fato "aberto", também se percebe o que há por trás das coisas. Em outras palavras, nós transcendemos os acontecimentos, compreendemos todas as suas formas de manifestação e, portanto, não precisamos mais temê-los ou nos protegermos deles. Quando compreendemos tudo integralmente, nosso comportamento em relação aos acontecimentos passa a ser diferente, agimos de forma natural e com toda a segurança. Harmonizamo-nos com os fatos. Eles já não nos impressionam nem abatem. Como o nosso relacionamento com o nosso interior é bom, reconhecemos logo aquilo que nos prejudica e nos comportamos de acordo com esse reconhecimento. Portanto, o distanciamento exterior é um alheamento sábio, que não contém recusa e avança pelo caminho correto.

O aspecto negativo desse tipo de alheamento, de não manter distância das situações, faz com que nos apeguemos demais às coisas. Se nos fixarmos demasiado em alguma pessoa, chegando a impedi-la de agir livremente, não só porque queremos controlá-la mas também porque isto significa a nossa segurança, automaticamente supervalorizamos toda e qualquer esperança e palavra da parte dela. Se, no entanto, aceitarmos essa pessoa na totalidade, deve ficar claro para nós que ela também cometerá erros, embora se trate de coisas que nada tenham a ver conosco.

Por exemplo, essa pessoa está numa situação momentânea difícil e, por isso, fala com você num tom desagradável. Ela não está agredindo você, pois se encontra totalmente enredada no problema daquele momento. Se você não endeusar essa pessoa, mas amá-la de verdade, poderá compreendê-la. Quando, além de se dar importância, você também considera o outro importante, ama a pessoa como uma totalidade, e não apenas a parte da sua personalidade que o agrada. Uma percepção intensamente subjetiva do outro nunca tem muito que ver com a liberdade ou com o amor. Portanto, é extremamente importante para todos nós objetivar as coisas, as pessoas e as situações, ou seja, observar o mundo a uma certa distância.

Se alguma outra pessoa tiver opinião diferente da sua, através dela você poderá aumentar sua visão, pois ocasionalmente sua perspectiva atual dos fatos talvez não seja mais a mesma de dez anos atrás, ou a que terá daqui a uns vinte anos. Trata-se apenas da sua opinião neste momento, a qual corresponde ao seu atual nível de desenvolvimento e ao estágio das suas informações. Portanto, é perfeitamente possível que o seu interlocutor tenha melhores informações do que você em alguma área de conhecimento. Por certo, também é possível que as opiniões de ambos sirvam para o reconhecimento de um aspecto totalmente novo da questão ao qual talvez você não tenha dado nenhuma atenção até o momento. Mas você só poderá chegar a esse ponto se mantiver uma pequena distância do pequeno Eu. Pois é assim que este permanece no seu devido lugar, aprende a não se dar exagerada importância e se torna receptivo às novidades. Dessa maneira, você não é devorado por esse problema e tem a possibilidade de formar objetivamente uma nova opinião.

Um exemplo negativo pode ser o daquela mulher que restringe sua vida à família e a alguns parentes e conhecidos. Ela tem, na verdade, boas aptidões e habilidades, porém nunca encontrou coragem para usá-las numa profissão que a satisfizesse. Primeiro, precisou cuidar do marido, posteriormente dos filhos, da mãe adoentada ou do pai. Vemos aqui suficientes justificativas, mas que não modificam a situação interior que ela gostaria de concretizar.

Como lhe falta coragem, o Eu busca afirmar-se de uma outra maneira, mostrando-se importante e exigindo continuamente certas situações extravagantes. Para essa mulher, é mais fácil extravasar através de comportamentos histéricos. Qualquer ninharia se transforma numa tempestade. Assim, ela está "constantemente sozinha", ou "mora num dos últimos andares do prédio", ou então qualquer dor de barriga é encarada como uma úlcera ou um tumor cancerígeno. Em todos os casos, o sofrimento é dela. Todos os problemas alheios se tornam os seus, já que não tem coragem para viver a própria vida.

Neste caso, o distanciamento é necessário para que ela se liberte e se descubra. Esse distanciamento contribuirá bastante para a harmonia na vida e é importante por dar a capacidade de amar.

V. Meditação

Acenda uma vela e coloque-a diante de você.
Sente-se descontraidamente e olhe para a luz.
Respire calma e pausadamente.
Relaxe os quadris, a coluna, o pescoço
e sente-se com o corpo ereto.
Respire calmamente e se concentre apenas na luz.
Deixe que os raios da luz toquem o seu coração.

Agora feche os olhos.
Leve sua consciência para dentro
e veja a luz no coração.
Permita que os raios da chama do seu coração se tornem maiores
e deixe-os se expandirem por todo o seu corpo.
Leve ao seu corpo a mensagem da luz.
Cuide para que cada parte do seu corpo,
cada célula dele, seja tocada por essa luz.
Sinta como a luz extingue as trevas dentro de você,
tornando-o mais leve e luminoso!

Agora deixe que a luz atravesse as fronteiras do corpo,
Deixe que ela brilhe na sua aura!
Sinta a paz que agora o rodeia.
Amplie cada vez mais a sua conscientização.
Irradie a luz para todo o quarto onde se encontra,
para toda a casa, para a cidade inteira.
Deixe que a paz do seu íntimo se expanda
para todo o país, as árvores, os pássaros, as pessoas.
O seu coração irradia luz para o país onde você mora
e, se quiser, para muito mais além, ao redor da Terra.
Você está concentrado em si mesmo e irradia luz.
Sinta como você é livre.

Retorne ao seu quarto e volte a si,
mas continue unido com a amplidão que o cerca.
Abra os olhos e olhe para a luz!

6. Como lidar com a energia

Pensamentos são energia, palavras são energia, ações são uma expressão da energia. Você pode sentir o tipo de energia dos seus pensamentos. Se pensar em algo com preocupação, sentirá tensão, principalmente no corpo, nas costas, nos ombros. No entanto, se pensar em algo com alegria, você se sentirá leve: poderá respirar com prazer e se espreguiçar.

Assim como você pode sentir os próprios pensamentos, também pode perceber os dos outros. Você nota se alguém está distraído ou até se alguém se aproxima com más intenções e, no mesmo instante, percebe que essa pessoa não está com uma disposição favorável em relação a você. No entanto, se você enviar energias de confiança e de franqueza, mesmo assim não se sentirá bem na presença dela, a menos que esteja familiarizado com os seus sentimentos.

Os neuróticos não percebem essa interação sutil, que na verdade não lhes interessa. Os histéricos, ao contrário, ''imaginam mistérios'' em impulsos sentimentais bem comuns, pensando que há algo por trás deles, pois vivem ocupados com as próprias reações.

Lidar ''normalmente'' e de forma saudável com a energia significa reconhecê-la, registrá-la e manipulá-la adequadamente. Temos de prestar atenção nos sinais que o corpo nos envia, a fim de organizá-los, tanto quanto possível, de modo correto e objetivo.

Você se sente bem ou se sente mal? Os impulsos partem do seu coração ou provêm da parte inferior do corpo? Sente-se desvitalizado ou reanimado quando conversa com as pessoas? Percebe que tem uma chance de evoluir? Então não desperdice a oportunidade! Ocasiões como essa não são freqüentes e, portanto, você deve ousar dar os passos necessários.

Se está planejando construir uma casa, terá de se cercar de pessoas confiáveis, constantes, que saibam trabalhar. Se quiser mudar a sua vida e dar-lhe uma forma construtiva e livre, poderá ser ajudado nisso por pessoas francas, sinceras e amorosas, que consigam captar pensamentos e impulsos sentimentais. Naturalmente, é difícil construir alicerces "elevadamente espirituais", a menos que tenha aprendido a transformar energia em ações.

A linguagem que uso para estabelecer contato com você lhe possibilita descobrir o tipo de energia com que lido no momento em que estou escrevendo. Se tento esclarecer uma circunstância prática, minha linguagem é intencionalmente simples. Todavia, se falo sobre uma idéia intrínseca a um fenômeno, prefiro formas poéticas de expressão, pois a vibração da energia é leve e livre. No primeiro caso, escrevo com a cabeça; no último, é Ela que escreve, a minha percepção interior.

Use a energia de forma harmoniosa

Se você usar todo o seu potencial, aproveitará toda a força e energia que estão à sua disposição. Você utilizará toda a sua energia de forma harmoniosa.

Contudo, existem tabus e formas de comportamento advindos da educação, inibições que parecem "quase" naturais, que nos impedem de beber do cálice da vida até a última gota. Então, por exemplo, damos-lhes nome de moral, cortesia, complexo ou timidez.

Todos esses bloqueios impedem o fluxo natural das energias vitais. Se, ao contrário, tivermos coragem de assumir a nossa totalidade e expressá-la, seremos saudáveis inclusive do ponto de vista físico. Nesse caso, nada de úlceras estomacais, de bloqueios na coluna, de câibras ou de varizes. Não vivemos sob pressão. Reconhecemos as possibilidades do processo de aprendizado em qualquer circunstância da vida, e é por isso também que conseguimos levá-la a bom termo.

O importante é ser franco com as pessoas e, na medida do possível, evitar julgamentos. Se você aceitar que cada ser humano tem de passar por um determinado processo de aprendizado, tal como você, também poderá entender que, nesse momento, a outra pessoa não tem como agir de modo diferente. No mesmo instante você aceita a própria tendência de cometer erros. Todos nós cometemos "erros", que só depois passamos a compreender. Na maior parte das vezes em que erramos, não estamos conscientes do fato. Seguimos o nosso programa interior. Só uma programação consciente pode mudar isso. Daí porque a observação é tão importante. Se você completar a observação com a "percepção intuitiva" e sensível dos fatos, você sentirá quando existe um bloqueio de energia.

Preste atenção nos sinais que o corpo lhe envia (por exemplo, dores de cabeça, cólicas renais, dores de dente, etc.). Assim você perceberá a retenção do fluxo energético e poderá tomar as medidas necessárias para eliminar o bloqueio.

Ame! Tenha a coragem de demonstrar os seus sentimentos. Não se incomode se for considerado não-convencional, mas também não seja um desmancha-prazeres. Para muitos, ser não-convencional significa defender as próprias opiniões. Outras pessoas acham que ser não-convencional é se libertar totalmente das tradições familiares.

Siga os seus sonhos, atenda às suas necessidades e revele os seus talentos. Sua sabedoria interior lhe mostrará o caminho. Ela ensinará como usar suas aptidões para que a sua energia seja liberada através de um fluxo harmonioso.

Bloqueios de energia

Imagine alguém que possui talento musical ou que desde cedo tenha demonstrado uma propensão maravilhosa para a pintura. Suponhamos que essa pessoa tenha nascido numa família de funcionários públicos, dispondo de segurança e de relacionamentos influentes, considerados componentes seguros do sucesso. O que a encorajaria a freqüentar um conservatório musical ou uma academia de Belas Artes? Se ninguém apoiar esse jovem talento, ou se ninguém compreender a sua ânsia de se dedicar à arte, o rapaz ou a moça por certo terá dificuldade para se impor na vida.

No entanto, caso o jovem resolva ser um funcionário público, sem dúvida também terá bloqueios de energia que podem ocasionar uma doença. O desapontamento por não poder ser autêntico, demonstrando sua criatividade artística, será reprimido na alma ou no espírito porque ele não terá oportunidade de dar vazão a seus talentos. Ocorre uma estagnação de energia. Porém, o único responsável pela estagnação é o próprio jovem, não os outros, a família. Só ele pode sentir em que direção seus sonhos o levarão. Se estiver com dúvidas sobre a direção correta, ele deve ao menos tentar concretizá-los de alguma maneira.

O Eu superior também costuma procurar pelas circunstâncias de vida importantes para o seu desenvolvimento. Portanto, ele não desconhece os fatos relativos a essas circunstâncias familiares, e acha que há desafios suficientes que o direcionam rumo à descoberta do próprio caminho. Contudo, se isto deixar de acontecer, trata-se de um processo de aprendizado. No final da vida, no momento em que a alma abandona o corpo, ela faz um resumo do passado e reconhece a fonte dos seus erros. O sofrimento que essa recordação provoca é em parte de natureza física e um fator importante de memória para a próxima vida, pois estabelece o corpo emocional, dotando-o de certa freqüência de alma. Em algum ponto do tempo essa lição terá de ser aprendida, caso o desenvolvimento deva continuar. E a lição será aprendida!

Assumir a responsabilidade por nós mesmos, portanto, é imprescindível se quisermos que a nossa energia flua de forma harmoniosa. Mas esse fato não deve ser um passaporte de liberdade para o egoísmo! Quando o filho não continua um empreendimento realizado pelo pai, ele não é egoísta só porque resolveu viver a própria vida como pintor em Paris, por exemplo. O egoísmo pode ser do pai que não se conforma com esse fato.

Caso exemplificativo: problemas na coluna vertebral

Quando a manipulação por parte da família é grande demais e a criança não consegue se libertar, fatalmente haverá dificuldades mais tarde que se manifestarão exatamente no corpo na forma de doenças.

Numa família de conhecidos meus, o pai reconstruiu sua firma juntamente com os antigos empregados. A fábrica havia sido bombardeada durante a guerra. Tratava-se de uma equipe harmoniosa, e todos consideravam o "júnior" apenas como "o pequeno". Criado pelos tios que nunca souberam lhe dar amor, o que lhe fez tanta falta, ninguém perguntou quais eram os seus interesses. Aprendeu um ofício técnico porque se tratava de um trabalho necessário à firma do pai. Quando completou 21 anos, teve o primeiro enfarto cardíaco; com 25 anos, uma úlcera gástrica; aos 34, desmanchou o segundo casamento, e sua coluna vertebral se curvou a ponto de ele parecer corcunda.

Jamais conseguiu enfrentar o pai. Todas as sugestões que apresentou para melhorar a firma foram deixadas de lado. Seu estilo autodestrutivo de vida também não contribuía para as pessoas verem a sua competência ou para o considerarem digno de confiança. O jovem, que tinha um pronunciado talento literário e lingüístico e se realizava com as palavras, fazia de tudo para agradar ao pai, mas se violentava à medida que tentava segui-lo, sem conseguir ao menos algum reconhecimento pelos seus esforços.

Quando o pai morreu, ele teve a possibilidade de se desenvolver e de fazer valer suas idéias. Contudo, nessa ocasião o álcool já fizera seus estragos. Seu estômago estava corroído, e a coluna vertebral ficara torta. Ele não conseguiu concretizar suas idéias. A firma foi "engolida" por uma grande multinacional. Assim, mais uma vez, ele reconheceu publicamente que o pai era "o melhor". Todavia, estava livre. No fim das suas forças, devorado pela bebida, começou a viver e por fim a ser autêntico. Comprou um barco e viajou com a família pelo mundo todo. Eu desejo de coração que tenha encontrado o que, certa vez, perdeu por mero descuido.

Para você que está começando uma nova etapa de vida, um conselho: relaxe e se desapegue das coisas! Se seus alicerces forem firmes a ponto de permitir que trilhe o caminho reto e alcance o pico, é necessário atravessar o abismo da insegurança. Não se preocupe, salte para o outro lado, mesmo que não se sinta seguro. Isto significa abandonar o antigo antes de atingir o novo. Essa decisão nos dá força para concretizar as metas.

Caso exemplificativo: impotência

Certo dia, fui procurada no meu consultório por um homem de meia-idade com uma bela aparência. Ele me contou que sua origem era modesta e que, no momento, ocupava um cargo de direção. Quando pequeno, nunca tivera vontade de brigar com os colegas. Preferia conviver pacificamente com eles. Em casa, era o único filho homem e foi criado por uma irmã mais velha. A mãe estava ocupada demais com o pai beberrão e com a obtenção dos meios que lhe permitissem sustentar a família. O pai só fazia exigências, nada estava suficientemente bom. Ele sempre tinha uma crítica na ponta da língua.

O rapazinho logo percebeu que os pais não eram muito inteligentes. Quando o professor os aconselhou a matricular o menino no curso científico, ele não lhes impôs sua vontade, pois isso daria a impressão de que ele era mais inteligente que os pais. Mas, em virtude da sua inteligência, logo aprendeu um ofício. A única dificuldade era com os colegas de trabalho. "Eles acabavam comigo." Ele não conseguia se divertir quando eles faziam brincadeiras de mau gosto com outras pessoas; além disso, sofria quando se divertiam à sua custa. Como o seu círculo de amizades era de gente simples, foi nesse meio que conheceu as moças. E outra vez houve conflito. Ele tinha de provar algo que na verdade não desejava. Queria amizade e carinho e estava disposto a retribuir. Ele não queria ser superior aos outros, só queria ser autêntico.

Todavia, como era capaz e tinha a capacidade de raciocinar abstrata e diferenciadamente, dedicou-se ao complicado ramo da eletrônica. De acordo com a hierarquia da empresa, ele foi subindo de posto e acabou por ter seus talentos reconhecidos. Pediam a sua opinião, embora continuasse sendo um trabalhador simples; de certa forma não se sentia completamente à vontade na posição onde conseguira chegar. E lutar pela adaptação não era algo que lhe apetecesse fazer.

Depois de trocar de firma, ele continuou a ascender socialmente, agora como funcionário. Tinha as condições e o reconhecimento que lhe permitiam ficar à vontade nesse ambiente. Mas, ainda assim se sentia "um estranho no ninho". Estava sempre imaginando que se esperava dele ainda um maior desempenho. O mesmo acontecia no relacionamento com o sexo oposto.

Quando sua frustração ficou cada vez mais visível, ele se tornou cínico. Por sua vez, começou a avaliar os outros, e sua energia se transformou cada vez mais de positiva em negativa. A agressividade longamente reprimida procurava um meio de se extravasar. O único modo de demonstrar agressividade que ele conhecia era a briga. E ele ainda não se sentia disposto a lutar. Algo no seu íntimo começou a se resignar. Sentiu-se mal-amado, e o próprio corpo começou a lhe dizer: "Homem, eu também não posso mais amá-lo como ser humano." Ele ficou impotente.

Infelizmente, nenhum dos médicos que procurou conseguiu identificar as causas da sua frustração no âmbito espiritual e anímico, limitando as pesquisas no nível do corpo. Foram cometidos muitos erros, e o estado dele se agravou. Por fim, quando os médicos lhe deram o diagnóstico definitivo de que teria de aprender a conviver com a impotência, seu estado emocional se abalou. Seu enfoque intelectual do fato se tornou agressivo. Por fim, descobriu uma válvula de escape: descarregou toda a sua agressividade nos médicos.

O que aconteceu neste caso? Concretizar suas habilidades espirituais lhe parecia uma traição aos pais. Estes, por sua vez, sentiram instintivamente a superioridade do filho e tentaram, para segurança futura, acorrentá-lo ao lar paterno, no que foram bem-sucedidos. Desde a juventude ele aprendeu que a guerra é uma demonstração de força, mas acarreta sofrimento. Como tinha consideração pelos demais e já que a sua alma tendia à paz e à harmonia, ele se recusou a participar da "guerra" e foi julgado como fraco pelo mundo exterior. Para ter reconhecido o seu valor ao menos no ambiente onde vivia, achou que era preciso se adequar ao mesmo. E se apequenou. Não desenvolveu nenhum dos seus talentos. Então, de onde lhe viria a potência? Afinal, ele mesmo se considerava impotente, literalmente incapaz. E para legitimar essa incapacidade ele tinha de desvalorizar o espírito – o seu reflexo no espelho, o Eu que sabia das coisas. Arranjou uma explicação para o fato de não ter estudado: ele se achou superior aos acadêmicos, acusando os médicos de culpados pela sua doença.

A verdade é que ele não ousava extrair do âmago da sua alma a força para viver a sua intelectualidade. O Eu ficou preso à matéria, e a energia se voltou contra ele mesmo, contra o seu corpo. Os impulsos necessários à vida foram eliminados. As pernas, que precisavam conduzi-lo no seu caminho, cada vez deixavam mais a desejar, pois não eram usadas para a plenitude do sentido da vida.

Foi nesse estado que ele me procurou. Sua chance era reconhecer que havia uma falha no seu modo de raciocinar. Só com muita paciência consegui desviar sua agressividade para rumos mais construtivos. A programação do seu subconsciente fazia com que seu corpo sentisse dores quando se tratava de instaurar alguma modificação. Todavia, pequenos sucessos lhe davam coragem. Sua alma obteve apoio e, pela primeira vez na vida, ele se sentiu compreendido. Passo a passo, recuperou as forças.

Naturalmente, houve recaídas, pois o seu meio ambiente preferia uma pessoa bondosa, adaptada, mesmo que enferma. E o medo de que o meio exigisse algo dele durante o seu trabalho não tornou essa tarefa mais fácil. Mas com o novo impulso dado à vida ele passou a se sentir estimulado e descobriu um trabalho em que não era preciso lutar. Aprendeu a confiar na própria observação e sabedoria e conseguiu forças para confiar no amor. Foi assim que ele recuperou a saúde e conquistou o mundo.

Caso exemplificativo: dores de cabeça

Sou procurada no meu consultório por muitas pessoas que se queixam de dores de cabeça. Por experiência própria, sei o que isto significa, afinal eu mesma tive de lutar contra elas diariamente durante 20 anos, por isso essas pessoas despertam um grande carinho em mim. Também sei que devo lidar com elas de modo muito cuidadoso, com muita diplomacia, pois estão constantemente sob grande tensão. Muitas vezes sou procurada por mulheres que se queixam de não estarem à altura do que o mundo exige delas. Contudo, homens em postos-chave também sofrem de dores de cabeça.

Em primeiro lugar, nesses casos temos de lidar com a falta de autoconfiança. A noção de auto-estima foi posta em dúvida desde a infância e isso acarretou uma forte sensação de insegurança. Esse tipo de pessoa faz de tudo para receber qualquer forma de reconhecimento.

No meio dessas pessoas está aquela dona de casa perfeita que, apesar do seu desempenho, vive com medo de não ter feito o suficiente; estão os empregados que recebem uma promoção quando há uma reestruturação na empresa na qual trabalham, mas que se sentem sob pressão. Também podemos encontrar aquele desenhista sentado numa sala, diante da prancheta, que só quer fazer o trabalho para que este seja aprovado. Ele acha que os outros estão constantemente competindo com ele, por isso vive tenso. Essa tensão pode provocar tumores no estômago ou, especificamente, as dores de cabeça que acabamos de mencionar. Os colegas definem essa pessoa como agressiva e inquieta; todos têm a impressão de precisar tratá-la com ''luvas de pelica'' a bem da paz. Mesmo assim, é uma pessoa constantemente tensa.

A sensação subjetiva de não conseguir atender às exigências da vida faz com que essas pessoas se sintam estressadas. Elas mesmas se impõem um desempenho rígido, certo autocontrole e se autocriticam de tal forma que há um aumento da tensão. Se, além disso, houver críticas de fora, o órgão pensante do Eu se contrai, e a pessoa acha que não tem competência para fazer o trabalho; então surgem as dores de cabeça.

Para podermos eliminá-las definitivamente existem exercícios de relaxamento; na verdade, igualmente importante ou até mesmo decisivo é fortalecer o conceito de amor-próprio. A própria palavra já define o que se deve fazer. Deve-se fortalecer o Si-mesmo, portanto, o superego, e deve-se integrá-lo à vida consciente. É assim que o pequeno Eu adquire confiança, é assim que ele aprende a classificar de modo correto as afirmações, as pessoas e as situações. Começa a haver tranqüilidade. A causa primordial da perturbação também tem de ser eliminada a fim de que as energias possam circular por novos caminhos.

Energia é vibração

As energias que você usa diariamente são a expressão do seu estado interior e formulam a sua vida. O modo como você se relaciona com os outros não só determina a sua sensação de bem-estar mas também influencia as próprias situações.

A maneira de abraçar as pessoas lhe permite perceber até que ponto está disposto a se abrir e a aceitá-las com simpatia. No abraço você se torna receptivo, recebe os outros no seu campo energético e permite conscientemente que se aproximem. Você deve estar ciente de que, durante o abraço, a outra pessoa é momentaneamente sua companheira. Além do mais, nesse instante você determina sua vida de certa maneira e lhe confere qualidade.

Portanto, abraçar conscientemente um ser humano é tão importante quanto comer, amar ou jogar conscientemente. Toda vez que você faz algo com consciência está dando à sua vida uma determinada qualidade que lhe servirá de alicerce. A expressão "não fiz de propósito" não indica, portanto, uma boa qualidade de vida. Exceto se você já for tão evoluído e conseguir captar a situação agindo de acordo com o seu pressentimento.

Abrir-se a uma pessoa ou a uma situação sempre significa ampliar o próprio espaço vital. Quanto mais conscientemente isso ocorre, mais conscientemente é possível determinar a qualidade da sua vida. É preciso não perder de vista o fato de que você só pode ter aquilo que você está disposto a dar. Portanto, trate de ser egoísta e dê o melhor de si – assim, por certo, também receberá o melhor!

Você quer amor; portanto, dê amor!

Você quer ter sucesso; portanto, seja sincero, use todas as aptidões com que foi presenteado ao nascer.

Se quer ser feliz, proporcione horas de felicidade aos outros!

Só dando será possível receber.

Isso não significa que deva confiar cegamente em todas as pessoas que encontrar. Se for receptivo e franco em qualquer situação, estará com as antenas da percepção a postos e receberá indicações, impulsos, da própria situação. É claro que convém prestar atenção a essas percepções interiores, embora não seja necessário supervalorizálas. Prestar atenção, nesse caso, significa saber lidar com elas. Avaliálas significa dividir-se e, assim, entrar na dualidade.

Se se aproximar de alguém com reservas ou preconceitos, será difícil que essa pessoa lhe dê um presente ou que se torne sua amiga. Todavia, se você for ao seu encontro com simpatia, com franqueza, pode se originar entre vocês algo novo, que pode ser muito positivo e enriquecedor.

Quero que você faça uma experiência. Abra-se comigo! Tornese receptivo e me permita dizer que eu gosto de você, ou seja, gosto de cada um da forma como cada um é. Embora eu esteja ciente de que não o conheço, deixe-me dizer que eu gosto de você.

Naturalmente, é difícil para mim abraçar cada um dos meus leitores; portanto, quero que você faça isso por mim. Todos somos filhos desta Terra, todos pertencemos à mesma família. Se neste momento você abraçar um semelhante – um amigo, uma criança, um homem ou mulher que estejam solitários –, estará me abraçando também.

Neste momento integre os outros conscientemente na sua vida! Abra o seu coração aos outros e diga-lhes com toda a franqueza o quanto você os ama. Pode dizer em voz alta. Em seguida, veja como se sente. Muito mais leve, mais alegre, porque se entregou, porque partilhou o seu ser com os outros, tornando a vida deles mais leve, luminosa e alegre. Algo na matéria densa é inundado de luz – e você se sente muito bem!

Partilhar significa repartir a nossa própria pessoa: é assim que ampliamos o espaço em que vivemos. Nossos parceiros na vida são todos os objetos, todas as pessoas com que temos de lidar. O modo como fazemos isso é que determina a qualidade da nossa vida.

Se tivermos pensamentos, expectativas, impulsos negativos, não poderemos ser bem-sucedidos. Se, ao contrário, investirmos na alegria, no prazer e na criatividade, o novo, o positivo podem entrar na nossa vida e torná-la muito mais rica e feliz.

O resultado dependerá do seu comportamento como parceiro, da sua disposição de ajudar e da sua franqueza. O modo como você semeia o seu campo influenciará a sua colheita. Se você não fizer a semeadura, acabará por morrer de fome ou então terá de mendigar. Mas se se esforçar e investir tempo e sabedoria na Terra, haverá uma compensação, e você será rico!

Você determina a qualidade da sua vida

É você quem determina a qualidade da sua vida à medida que nela introduz, sem reservas, aquilo que quer experimentar. Tudo está aí; só depende do modo como você lida com as coisas.

Se você for mesquinho e medroso, não poderá ocorrer nada de grande, pois seus dias estão permeados de insegurança e de medo. Se, ao contrário, acreditar que tudo deve sempre acontecer segundo suas expectativas porque, seja como for, você sabe tudo, uma sabedoria e uma verdade maiores que a sua o tornarão humilde outra vez. Faça o melhor que puder, com plena confiança de que um controle muito mais sábio que a sua inteligência gira a roda da vida. Abra-se a novos impulsos, a novas idéias, a uma verdade maior do que aquela que compreende no momento, e então podem ocorrer milagres na sua vida porque você permite que eles aconteçam!

Nessa época de transição que é sentida em todas as regiões do mundo, você precisa de um rumo novo e positivo. Você tem de pensar de modo novo, tem de incluir os outros positivamente nos acontecimentos da sua vida.

Todavia, nem sempre é fácil fazer isso: muitas vezes surgem obstáculos no caminho. Você tanto pode se orientar por eles como considerá-los impedimentos. Estou convencida de que esses obstáculos nos ajudam a descobrir o caminho certo para a luz. E cada caminho pode ser o caminho correto. Portanto, talvez você prefira se decidir pelo mais curto – ou talvez escolha o desvio, que é mais longo. Tenha paciência, mas também muita coragem! Não se limite! Ser uma boa companhia para a própria vida significa gostar de si mesmo e ousar expor os próprios talentos. Se saudar cada novo dia com alegria e com um sorriso, por certo será um bom parceiro para a vida.

Os companheiros da sua vida são a terra que o sustenta, o ar que respira, a árvore que o saúda na beira do caminho, o passarinho que o alegra com seu canto e tudo o que você pode ver com os seus olhos. Tente considerar a vida assim – garanto que vale a pena!

VI. Meditação

Sente-se ereto ou deite-se relaxadamente num colchão.
Sinta como está seguro sobre o colchão e em cima da terra.
Relaxe todos os músculos do corpo.
Desligue-se dos seus pensamentos e dirija a sua atenção para a respiração.
Sinta como o ar é fresco ao entrar pelas narinas e como ele é quente ao sair.

Tome consciência de que você não inspira somente ar mas também energias cósmicas!
E estas contêm, nas partículas de luz, uma força curativa.
Respire essa energia cósmica de forma consciente.
Ao exalar o ar extravase tudo o que o perturba.
Respire calma e pausadamente.

Agora dirija a sua respiração e a energia cósmica curativa para o centro da sua cabeça, para a glândula pineal.
Sinta como tudo fica claro.
Libere toda a tensão, todos os pensamentos perturbadores.

Dirija conscientemente a respiração para dentro e ao longo da coluna vertebral.
Durante a inspiração, o ar toca todos os nervos do corpo.
Ao exalar, você concentra a respiração no ventre e depois faz o ar voltar para cima e sair pelo nariz.
Ele leva consigo tudo o que o perturba e constitui um fardo.
Preste atenção para descobrir em que ponto da coluna a respiração se detém, onde há um bloqueio.
Continue a respirar conscientemente.
Leve assim a energia cósmica até a extremidade da coluna e desfaça todos os bloqueios.
Permita que a respiração percorra todo o seu corpo, calma e pausadamente.

Volte em seguida ao corpo, com toda a consciência.
Respire profundamente e abra os olhos.

7. Lutar ou amar?

Quando duas pessoas brigam, uma está contra a outra; portanto, trata-se de uma luta. Quando duas pessoas se amam, há fusão, portanto, paz. Na vida diária não é possível amar a todos, ao menos na visão terrena das coisas. E quando duas pessoas competem, quando há concorrência, elas estão afinal lutando uma contra a outra, pois cada uma quer sair vencedora.

Mas o que de fato acontece? O Eu quer se afirmar. Ele quer ficar por cima, ele deseja o poder.

Se você imaginar que está na situação de se ver obrigado a lutar, logo perceberá como todo o seu corpo se enrijece e como os músculos do rosto se contraem. A densidade que você percebe no corpo é energia. O Eu quer impor sua vontade e mantém ou concentra a energia. Isso significa que as pessoas que se movem com esse tipo de energia estão interiormente num nível muito baixo de vibração. Nesse nível, nada pode ser claro e luminoso, muito menos saudável, pois tudo está escondido em armários, está escondido nos cantos.

Ao contrário, quando a energia é de alta vibração, tudo é liberado, tudo é vivido, experimentado, usado sem manipulação. Podem ocorrer coisas novas, pois a energia flui livremente e tem determinada qualidade que busca energia semelhante.

Pessoas que adotam esse estilo de vida têm uma irradiação muito diferente. Ela é mais leve, mais luminosa. Pessoas com energia vibratória inferior fazem com que nos sintamos mal. Na maioria das vezes trata-se de uma irradiação sexual, portanto, de uma freqüência energética do segundo chakra. Deve ficar claro que também aqui elas querem dominar. O campo da luta as prende ao solo. O passo é difícil, os músculos são rígidos, o vento sopra tempestuoso.

Se você quiser ultrapassar o arco-íris, se quiser ter cores, sons, alegria e amor na vida, pare de lutar. A pressão leva numa única direção e provoca uma pressão contrária. Espírito livre, ao contrário, se estende para todos os lados e escolhe os pontos mais bonitos. A opção é sua!

Aprenda a se desapegar

"Desapegue-se!" – ouvimos repetidas vezes. Se alguém está infeliz, atribui a culpa a uma perda, e esta solução parece irrefutável. Muitas vezes, não é tão fácil assim. Mas vale a pena tentar: desapegar-se significa esquecer todos os velhos padrões. Se quiser seguir por um caminho novo que acredita poder lhe proporcionar progresso, siga a mensagem interior.

Como eu não estava em busca de uma solução evidente, pedi informações. Sentei-me e permiti que o Ser escrevesse:

Os homens vão de vida para vida. Eles vêem, sentem e acreditam na aparência. Eles crêem que só a felicidade seja a moral da Terra. No entanto, a felicidade do coração ultrapassa muitas fronteiras.

Não é o Tu que deve acompanhá-lo, não é o poder ao qual você obedece. O seu coração é que preenche o dia, é que faz o sol rir e que lhe dá confiança. Não a aparência externa, não aquilo que é velho, o que já aprendeu. Há possibilidade de um novo começo.

Desapegar-se significa abandonar o antigo modelo e confiar em outro. Talvez em outra época ele fosse apropriado à antiga medida das coisas. Agora é o momento em que algo novo começa. Com você, pois você mudou. Portanto, deixe as velhas normas de lado. Abra o portal do coração; ele conhece o caminho para a luz. Desapegue-se dos padrões, liberte-se do "você tem de". Abra a porta para a alegria. Rir é o caminho. O amor é a trilha. Há várias possibilidades que você pode tentar com a sua nova visão.

Se o seu companheiro não quiser seguir esse caminho, isso lhe causará dor, porque ele ficará para trás. Se ele tentar detê-lo, não o conseguirá por muito tempo. Você já está com o pé no degrau seguinte, prestes a abandonar o anterior – se não o fizer, ficará doente.

Se o seu companheiro quiser abandoná-lo, deixe-o ir. Deixe-o ir com amor, para que ele possa decidir livremente se quiser voltar. Mas enquanto isso, você deve se preocupar consigo mesmo, deve se aperfeiçoar.

Os que querem iniciar uma nova etapa na vida também convêm desapegar-se, pois quando estiverem em solo firme e quiserem trilhar o árduo caminho até o cume da montanha, será preciso atravessar o abismo da incerteza. Essa decisão é que dá a força para chegar ao topo.

Seja lá qual for o ponto em que estiver, vale a pena se desapegar.

Como viver o amor

Torne-se receptivo ao momento presente! Você não vive no passado nem no futuro. O agora, este momento, é a sua vida. E é por isso que você tem de construir este momento da melhor forma possível, torná-lo ótimo. Se este momento exigir paz, meditação ou descontração através de um maravilhoso banho aromático, é exatamente isso que você deve fazer. Mas se ele exigir que você esclareça os assuntos, que acentue determinadas coisas para lhe abrir espaço, não há melhor tempo para fazer isso do que agora. Amanhã esse belo momento poderá ter passado. Só o seu fardo lhe pesará mais sobre os ombros.

Viver o amor, portanto, é servir ao momento. É dizer agora a palavra libertadora, amorosa ou esclarecedora. Viver o amor significa acariciar agora, chorar agora.

Viver o amor significa abandonar caminhos determinados e limitados quando o momento o exige. É preciso coragem e responsabilidade para fazer isso, pois o caminho que se desenrola entre viver o amor e a responsabilidade, entre a vivência do amor e a despreocupação, entre a responsabilidade e a fuga muitas vezes é estreito demais. Portanto, o momento também exige a disposição da sua alma e a franqueza do seu espírito.

Viver o amor também é fazer por si mesmo o que de fato é importante.

Apegar-se não é amor; amor é dar liberdade.

Perceber a oportunidade que todos têm de se aperfeiçoar significa viver o amor.

Muitos acham que é preciso ter coragem para abraçar uma pessoa praticamente desconhecida e consolá-la. No entanto, num caso assim, não se trata do Eu, e sim do Tu. Servir o outro nesse momento significa viver o amor.

Ver a árvore que tenta, através de novos esforços, lançar suas sementes a fim de que o mundo tenha uma chance é reconhecer um amor de verdade.

Eu amo você e quero servi-lo: isso é viver o amor.

Viver o amor significa decidir pelo que de fato é importante. Compaixão não é amor, mas a coragem da separação é amor.

Reter alguém contra a vontade não é amá-lo; dar-lhe a liberdade é um ato de amor.

A dignidade humana

Muitas pessoas se queixam dos parentes. O marido, a mãe, a cunhada agem tão mal, e elas têm de aturá-los. Eu não compreendo essa atitude. Pessoas assim preferem ficar doentes a se defender.

Elas não conseguem se insurgir e demonstrar que têm caráter. Suportam a situação e acham que são uns anjos, e os outros, os demônios. Que bem advirá dessa atitude?

Por que as outras pessoas procedem de forma tão desagradável e ordinária com elas? Só porque elas mesmas o permitiram. Se mantivessem os outros dentro dos limites, eles não ousariam ir tão longe. Isso não quer dizer que se deva reagir aos berros. Isso também não quer dizer que você deva equiparar o seu comportamento com o delas. A verdadeira força se expressa de modo bem diferente. Um sonoro "não" no momento certo pode ser de grande efeito.

Não se trata de dizer não para ofender ou magoar o outro, para deixá-lo irado. Só se deve dizer não para que o outro perceba que pode chegar até certo limite, o qual não deve ultrapassar. Isso pode ser feito de modo amoroso e com grande classe. Mas a mensagem deve ser clara.

Quando nos encouraçamos dessa forma, nosso oponente provavelmente se comportará de maneira diferente quando estiver diante de nós no futuro. Mas, se permitirmos que alguém nos ofenda impunemente, nós nos tornamos seu cúmplice.

A dignidade dos seres humanos é inatingível, diz a lei. Quem pecar contra a dignidade estará pecando contra o amor. Quem peca contra o amor se exclui da nobreza da raça humana. "E Deus criou os homens à Sua semelhança." Quem pecar contra a dignidade ou permitir que alguém o faça, pecará contra o Princípio Divino, que é o amor. E passará a habitar o reino das trevas.

A sombra tem força. Ela nos tenta seduzir com muitas comodidades e com a temporária satisfação do ego. Mas na sombra faz frio. Há ausência de luz e de calor. É difícil transpor a sombra. Sentimos a sombra na alma, pois ela nos causa tristeza. Ela nos torna rígidos e abre feridas em nós.

Se atingirmos a dignidade de outro ser humano, não estaremos ferindo só a sua alma mas também a nossa própria. Se permitirmos que outra pessoa atinja a nossa dignidade, nós nos igualaremos a ela e nos rebaixaremos ao seu nível. A sombra ganha força. Levante-se e diga PARE! Lembre-se da sua luz interior. Ela também é uma força. Diga NÃO ao outro. Não permita que ele o magoe.

Porém, nunca fira a dignidade alheia tampouco! Reconheça a outra pessoa como irmão, irmã e talvez como parte da própria sombra. Se você a ferir, estará desamparado. Talvez creia que é forte neste momento, mas na verdade está vulnerável. Vulnerável e entregue à força sombria. Diga "PARE!" Você tem esse direito!

Preserve a sua nobreza, pois isso lhe fará bem. Concentre-se na luz, e esta passará a fazer parte da sua vida.

Se você se fingir de pequeno por achar que só assim poderá sobreviver, o seu coração cairá em prantos.

Se achar que será mais fácil viver desse modo, sua alma se contrairá.

Se estiver sendo impelido para a frente pelo desespero e perceber o fato, terá uma chance de preservar a dignidade.

Ter dignidade é ser humilde, é percorrer o caminho do aprendizado com humildade, cultivando o amor e a esperança. Quando se acredita nessas virtudes, consegue-se obter a força para mover mundos.

Se você for digno, não ofenderá os semelhantes.

Quando nos esforçamos e elevamos nossos sentimentos e ações a um nível superior, criamos o respeito. Quando alguém perde o respeito por si mesmo porque não consegue atingir seus objetivos (que estabeleceu demasiado altos), essa pessoa sente dor na alma. A parte da sua personalidade que deseja ser boa e nobre não consegue se manifestar: a alma fica de luto, torna-se sombria, estreita-se.

Se uma pessoa perder o auto-respeito porque não pôde cumprir a promessa que fez a outrem apesar de este também ser responsável –, se ela pregar mentiras, se viver fugindo das responsabilidades, o amor diminui e surge a tristeza. A alma não tem possibilidade de continuar a se desenvolver como queria. A confiança e a sensação de profundo conhecimento desaparecem.

O Eu consciente e desperto de uma pessoa pode levá-la a se distanciar tanto, a ponto de atribuir a responsabilidade total a outrem sem se sentir atingida, mas não poderá impedir que a alegria desapareça. O distanciamento é cada vez maior. A alma se afasta da outra pessoa. O Si-mesmo de uma se distancia do Si-mesmo da outra, o relacionamento passa a existir só no âmbito material.

Se a tônica de um relacionamento for a tristeza, convém tomar cuidado. Se *ambos* os parceiros estiverem dispostos a fazer algo para salvar o relacionamento, é possível recuperar o respeito.

Não confunda o respeito que se tem por alguém com expectativas. Neste caso, trata-se de imaginar o Eu da outra pessoa e de servi-lo, atendendo seus desejos. Se o parceiro não corresponder porque desconhece os desejos do outro, temos uma projeção. Ela não elimina o respeito; ela só atinge o ego.

O ego espera com demasiada freqüência que as pessoas atendam os seus desejos e deixa de ver que os outros também querem algo. Além disso, muitas vezes nada está claramente definido, ninguém diz francamente o que espera receber. É preciso adivinhar os desejos. E, por conseguinte, as decepções são inevitáveis. É provável que o respeito pelo outro diminua, ou ao menos será esta a sensação, embora injusta.

A ética e o respeito atingem o ser humano como um todo. Quando esperamos alguma coisa de alguém, essa expectativa implica apenas parte da personalidade da pessoa. Quando respeitamos alguém, nós a consideramos na sua totalidade. Quando falamos de ideais elevados, de amor, de associação num relacionamento, e um dos parceiros não consegue manter de fato essas responsabilidades pecando contra a moral da sociedade, na maioria das vezes desaparece o respeito. Quando esses mal-entendidos são freqüentes, o amor começa a morrer. A alma perde sua irradiação.

O amor divino

O amor divino é igual ao seu, só que é mais.

O amor divino significa rir e chorar, é alegria e ódio, é viver e morrer, é dia e noite.

O amor divino é tudo o que você vê, tudo o que você sente e tudo o que você é. O amor divino lhe dá a chance, na vida, de aprender, de sentir e de ser.

O amor de Deus é a vida. O Seu amor é a felicidade. O nosso amor muitas vezes cria as sombras que existem à noite. Mas por outro lado pode dar conhecimento aos outros e, portanto, também é amor divino, pois mostra o caminho.

Quando você não reconhece a sombra, a noite o envolve. Mas quando a luz brilha e os olhos conseguem ver, o medo cessa e a esperança dá lugar para o próximo passo.

O amor divino não é aquele que perdoa, mas o que compreende. O amor divino põe a alegria e o sofrimento em harmonia e mostra o caminho para a luz. O amor divino não conhece a mesquinhez. Ele é de todos o maior, pois abrange o mundo.

Em cada flor ele abre o botão. Em cada olhar de criança o amor divino lhe sorri. Na fidelidade de um cão você poderá reconhecê-lo. Além disso, ele é visível. Não conhece compaixão, pois sabe da própria força. A sua força é o amor de Deus. O seu caminho é o amor de Deus. O seu amor é amor divino assim que você o compreenda. No entanto, você o encontrará no menor dos dedos indicadores que lhe apontem um caminho novo e mais claro.

Concretize seus anseios

Confie no amor que há dentro de você, viva esse sentimento. Permita que ele irradie de você e você terá dentro de si o amor divino!

O anseio pelo amor, pela segurança, pela confiança está firmemente ancorado no âmago de cada um de nós. É esse anseio que determina a felicidade ou a infelicidade, pois vem das profundezas do nosso ser e, se não for plenamente atendido, nos faz sofrer.

Muitas sociedades são firmadas com as melhores intenções para depois ser desfeitas outra vez. Isto se deve a alguma traição? Qual a causa? Acaso seremos tão instáveis, tão pouco confiáveis? Será que perseguimos fantasmas que nem sequer existem? Quais as chances reais de os nossos desejos serem atendidos?

Antes de mais nada, é importante termos consciência de que esse desejo é real e em seguida perguntarmos: qual é o seu conteúdo? Que coisas serão necessárias para realizarmos esse anseio?

Se desejamos bens materiais, tais como vantagens, posição social e outras coisas afins, não se trata de amor, mas de mera satisfação dos desejos que não podemos ocultar sob o manto do amor. Se queremos ter as mesmas habilidades da outra pessoa, a ligação com ela só visa a segurança do ego – e isso não é amor.

Contudo, se ambos os parceiros acharem que se complementam idealmente porque um possui o que falta ao outro, estamos falando de uma simbiose. Ambos estão usando um ao outro por se acreditarem incapazes de solucionar a questão sozinhos. Essa união pode vir a ser duradoura, embora se trate de um amor que visa obter uma vantagem.

Se os parceiros precisam de comprovações dramáticas de que são amados para que o relacionamento funcione (o pai dela era contra o casamento, então ele teve de seduzi-la; as mulheres lutavam para conquistar o amor dele; os homens viviam querendo flertar com ela ...), convém prestar atenção. Nenhuma dessas fantasias é prova de amor. Muitas vezes se trata de mera viagem do ego. Contudo, se houver repetição constante desses artifícios, torna-se visível o padrão. Grandes decisões, grandes gestos, um grande espetáculo – o ego é adulado e o amor é demonstrado apenas exteriormente. Todavia, quando algo tem de ser demonstrado é porque está faltando alguma coisa, ao menos é o que se diz. Falta ao amor certa qualidade que tem de ser suprida pela ação. É uma situação perigosa!

Eleve o seu amor a um nível superior

Se a dramaticidade da situação obriga o ego a ultrapassar obstáculos, tanto exteriores como interiores, para que se torne mais visível "a confissão do Eu", a pessoa já está no rumo certo para se aproximar do verdadeiro amor. Aqui já não importa mais a vantagem que se possa ter através da união com o outro. O Eu busca seus valores em si mesmo, procura descobrir seus sentimentos e verificar sua disposição de se entregar.

Se ambos os parceiros estão motivados a proporcionar prazer mútuo, se ambos quiserem servir um ao outro, confiar e se entregar sem reservas, trata-se de uma síntese, da união ideal, aquela que une os contrários ou os ultrapassa. A entrega mútua é clara e óbvia, e qualquer tipo de superficialidade deixa de ter importância.

Você pode viver o amor às claras, reconhecer seus desejos e abrir-lhes as portas. Você pode ser autêntico, e isso o tornará mais calmo. É isso que entendemos ser o amor. Sua contribuição por encontrá-lo é reconhecer seus desejos, definir a sua moral, confessar seus sentimentos – independentemente dos outros.

Se conseguir dar liberdade ao seu parceiro, desejando-lhe o que existe de melhor, isso é amor. Ele é grande e nada pode vencê-lo.

Esse tipo de amor é um universo em si mesmo. Ele cabe em toda forma de moralidade comum, de luz e de compreensão. Abrange tanto a delicadeza e a ternura como a franqueza e a entrega mútua, inclusive o prazer do riso, das brincadeiras e dos jogos eróticos. Nada é predeterminado, tudo acontece espontaneamente. Afinal, temos a possibilidade de criar algo a partir dos nossos altos e baixos. Essa circunstância contém a possibilidade da plenitude, da amplidão e da realização dos nossos desejos.

Se você quiser viver e sentir esse amor, é preciso primeiro se desapegar de todas as fixações, expectativas, exigências e temores.

Você terá de confiar inteiramente no seu caminho, na sua sabedoria interior, no seu Eu superior e na missão que tem de cumprir na vida. Só quando você se desapegar de tudo e der plena atenção ao momento presente, será possível que o milagre aconteça.

Só com a intenção de fazer o seu trabalho da melhor forma possível é que pode surgir o novo. Isso também vale no caso de um grande amor. Da sua capacidade de se desapegar, de ser autêntico e de confiar no outro depende a grandeza desse amor. Aqui não restam mais tabus, pois existe a compreensão. Já não há mais a separação, porque os dois são um. Situações dramáticas acabaram e se tornaram insignificantes diante da grandeza do acontecido.

Você encontrará a segurança no seu próprio amor, e proteção na sua força interior.

Decida se vai ousar descobrir esse grande amor. Só quando estiver disposto a se desapegar de tudo é que lhe será possível viver esse amor. Velhas normas não têm mais validade aqui. O medo pertence ao passado. A liberdade de dizer "eu te amo" traz alegria e despreocupação à vida. A garantia desse amor é a sua honestidade, a sua veracidade, a sua clareza. Desejo que você tenha a coragem para vivê-lo.

Quando você ousa fazer tudo isso, sua alma tem a possibilidade de desenvolver o seu mais alto nível. Seu espírito se torna inspirado, pois está livre. Novas idéias, novos sentimentos, novas intuições e uma consciência mais elevada do corpo são as conseqüências. Você vive as suas energias na melhor forma possível.

Torne-se consciente da divindade desse momento, crie a partir dessa plenitude. Relacione os seus pensamentos e ações com essa consciência, viva a unidade em todos os momentos. Você pode experimentar a unidade com a criação quando fizer um passeio, contemplar o mar, ouvir música apropriada à meditação, quando participar do jogo do amor, quando beijar alguém ou quando estiver no silêncio envolvente junto ao ser amado.

VII. Meditação

Leve o seu amor para um nível elevado
e se una com a sua própria divindade.
Não permita que outra pessoa desmereça o seu amor.
Defenda o seu amado e o seu amor.
Contudo, desapegue-se!
Talvez o outro ainda não tenha compreendido
o que é o amor e por isso trai esse sentimento;
é assim a sua antiga personalidade, quando você permite.
Mas ela só é real quando você se identifica com ela.

Cante, dance, ria e permaneça na luz.
Ouça o seu âmago divino e o irradie para o exterior.
Fique quieto! Sinta o amor em você!
Mande-o para todas as criaturas deste mundo,
e o mundo lhe enviará suas amáveis criaturas.

Abra-se ao amor, à luz e ao riso!
Abra-se à alegria,
para que ela possa permanecer no seu lar.

8. Como os homens se esqueceram de que a Terra os ama

A Terra deu aos homens o trigo e as flores, as árvores para protegê-los e a água da vida. Deu-lhes a fecundidade e a plenitude, a beleza, a tranqüilidade e a força. Ela lhes deu de presente os tesouros das suas profundezas; contudo, os homens queriam mais.

E cavaram cada vez mais fundo. A Terra tentou cicatrizar suas feridas, as feridas provocadas pelos homens. Eles queimaram o solo, cortaram a vegetação, construíram muros até perder o fôlego. Usaram ferro e fogo para destruir e despedaçar suas belezas, para matar os animais e os irmãos.

As lágrimas da Terra ficaram mais escuras, o luto e os sofrimentos apagaram a luz. Os pássaros cessaram de cantar, os elfos e os anões se recolheram nas regiões escondidas. Todos os que haviam ajudado a raça humana tiveram de assistir ao empobrecimento da Mãe Terra.

Mas a Terra se mexeu. Sacudiu seus frutos. As lágrimas amargas fizeram com que as maçãs apodrecessem. As árvores se tornaram marrons e esturricaram, contrastando com a paisagem celestial – mensageiras do luto, advertência para os homens.

Mas os homens continuaram sua lida. A culpa sempre é atribuída aos outros! Eles se esqueceram das flores e as cobriram de cimento. Eles acharam que a Terra não podia mais ser bela. Os prados, as flores e as árvores se tornaram cinzentos, cobertos pelo véu da desconsideração. O semblante das crianças, que antes riam, se tornou sombrio.

E a Terra respirava com dificuldade por causa das suas dores; os homens continuavam a se mover, cegos e surdos, num mundo antes frutífero. E os mares inundaram a Terra, que se rompeu. Os homens saíram das casas. O cimento armado se rompeu como favos de mel. E tudo o que a Terra queria era ser feliz com seus filhos.

Acaso os homens pressentiram a tragédia? Será que só a perceberam quando as casas, os carros e as ruas eram um monte de ruínas? Quando seus pulmões secaram e seu coração se contraiu de angústia?

O medo tomou conta dos homens. Eles sentiram as dores por que passava a Mãe que eles pisoteavam; no entanto, continuaram a erguer muros altos, brigando pela posse dos bens, poliram cristais de cores reluzentes. Eles chamaram a tudo isso de segurança; e se esqueceram de tudo o mais.

Eles se esqueceram de que só a Terra pode dar o pão, de que liberdade significa ser *um* com a Terra, de que é o amor pelo próximo que dá a segurança que de fato importa.

A Terra ama seus filhos e é paciente. Nós deveríamos lhe agradecer, acariciá-la e amá-la. Deveríamos nos alegrar com os gramados e plantar uma árvore. O perfume da Terra deve se tornar puro outra vez; o coração dela deve ser leve e feliz. Pois só então os homens terão compreendido o que é o amor.

VIII. Meditação

A paz desta Terra depende de nós, depende de cada um de nós. As guerras já estão acontecendo bem como a doença, a infelicidade, a rivalidade, o desentendimento nas pequenas coisas. É aqui que podemos introduzir novos hábitos.

Diga "sim" a você mesmo, às circunstâncias da sua vida, ao seu corpo e a todas as decisões que tomou até agora na vida. Aceite que o outro é diferente de você. Aceite o fato de que ele também está aprendendo, assim como você.

Também diga SIM ao NÃO deste mundo, e reconheça que nós mesmos é que o tornamos assim. Só quando aceitarmos este fato poderemos começar a mudá-lo.

Aprenda a assumir a responsabilidade pelos seus pensamentos, pois eles forjam o seu futuro. Permita que a luz penetre em seus pensamentos. Com eles você cria o seu mundo. Através das exigências do seu Eu você se distancia dos demais, porque assim se esquece dos outros. Enquanto você não for autêntico nas suas ações e com relação a si mesmo, tentará transferir as próprias responsabilidades para os outros. No entanto, é preciso saber que elas lhe serão continuamente atiradas ao colo, porque você é o aprendiz.

A Terra é mais forte do que nós e sobreviverá a nós. Ela é bondosa, pois tem a paciência de nos suportar.

Vamos fazer juntos algo pela paz deste nosso planeta.

O espírito da paz

Sente-se em posição ereta, com as pernas juntas. Respire conscientemente com todo o corpo, com a barriga, com os pulmões. Torne-se consciente do fato de que a cadeira onde está sentado suporta o seu peso. Que pelo fato de se sentar ereto, sua coluna expressa a retidão do seu caráter. Que os seus pés estão apoiados no solo que os suporta e que é a sua verdadeira pátria.

Respire junto com a Terra. Respire com o vento, com as ondas do oceano. Respire junto com as pessoas que vivem perto de você. Respire com os homens que vivem nesta Terra.

Abra-se à luz do conhecimento, à luz da compreensão, à luz do amor. Deixe que a luz que vem do alto chegue ao coração da Terra, depois de atravessá-lo; e que ela suba até a luz divina depois de passar por todo o seu corpo.

Respire a luz e a força, a confiança e o amor. Estes saem da Terra, atravessam-no e sobem ao céu. Eles lhe chegam do cosmo, penetram em você e voltam à Terra. Respire.

Abra o coração ao amor e à força. Sinta-os em seu coração. Agora envie uma mensagem do seu coração para os seres humanos. Acredite e confie em todas as pessoas deste mundo. Só o seu amor sairá vitorioso, curará as feridas e impedirá as guerras. Só o amor no coração dos homens pode abrir portas e janelas, dar entrada à luz do conhecimento.

Bem conscientes, aceitamos o amor que o mundo, o cosmo e a criação nos dá de presente. E vamos todos procurar o amor.

Nós nos curvamos diante do divino,
nós nos curvamos diante da Terra,
nós nos curvamos ao vento,
nós nos curvamos à água,
nós nos curvamos diante das leis eternas do cosmo,
nós nos curvamos diante da vida.
Pedimos ajuda de todos os elementos para a harmonia do mundo.
Pedimos a todos os servidores da Terra que auxiliem o mundo.
Ajudem-nos a encontrar a luz em nosso coração, a luz para o mundo.
Queremos servir em harmonia, queremos amor para servir a todos, queremos ser os servidores deste mundo.
Nós enviamos luz, a luz que vem de cima e toca nosso coração, tornando-nos sensíveis às plantas, aos animais e às pessoas. Ele dará frutos e será a luz sobre a Terra.
Nós acreditamos nisso e vivemos por isso.
Levantem-se, dêem-se as mãos e deixem-se guiar pela luz.
Paz na Terra e paz aos seus.

Paz aos que estão distantes.
Paz às flores, à água, aos seres que nos ajudam a ver a beleza.
Daqui em diante pensamentos de paz nos acompanharão, diremos palavras de amor aos outros; haverá compreensão no lugar da rigidez.
Louvamos o amor, a sabedoria, o bem.
Louvamos a luz que clareia o dia.
Nós nos integramos na luz e a irradiamos para todo aquele que cruza nosso caminho.
Eu o saúdo, irmão, eu a saúdo, irmã!
Desejo ser o portador da luz e desejo servir; onde houver luz, haverá paz na Terra.
AUM dizem os antigos, AMÉM diz a Igreja.
Paz significa reconciliação com Deus.
AUM – AMÉM – PAZ queremos cantar. Cada um cante como souber.
Tons harmônicos criados pelo coração constroem um mundo novo, um mundo repleto de paz.

As doenças modernas nos trazem compreensão

Observei que os males que estão surgindo na nossa época, tais como os seqüestros de aviões e os ataques dos terroristas, querem nos ensinar a ter compreensão.

Assim como a doença quer mostrar a cada indivíduo onde está a sua problemática atual, os sofrimentos que surgem em forma de epidemia, querem nos dar indicações e são mensagens.

Antes havia a peste, a varíola, a lepra e a sífilis, ao passo que nos dias de hoje temos o câncer, a hepatite B, a AIDS, a depressão, o medo e as alergias. Muitas das doenças se tornaram – à sua maneira – muito mais sutis. Enquanto na Antigüidade muito se devia à falta de higiene exterior, atualmente o fator decisivo parece ser a falta de higiene interior. Nosso conhecimento aumentou em vários âmbitos. A comunicação se faz por toda parte do mundo através das redes de comunicação. A tecnologia está no seu ponto máximo (segundo o que sabemos). No entanto, os seres humanos aprenderam muito pouco sobre o próprio Ser, sobre a sua tarefa de vida. Por isso, não devemos nos admirar do fato de termos medo diante da vida. Sentimos que se exige algo de nós e achamos que não somos capazes de atender às expectativas. Como aprendemos a buscar essas tarefas apenas nos atos externos, não compreendemos que se trata na verdade de conteúdos íntimos. O que se espera é que possamos atingir a totalidade, não apenas uma "semitotalidade".

Isso também vale para a sua situação profissional. Se você encarar seu trabalho como uma mera fonte de lucro, esquecerá de que ele deve proporcionar alegria, *alegria pessoal* inclusive. É assim que você perde a chance de melhorar de forma construtiva, segundo os seus desejos, grande parte da sua vida.

Se você observar com atenção, verá que sempre há perturbações que bloqueiam o desdobramento das energias ou fazem com que diferentes energias entrem em choque. Na primeira hipótese há estagnação; na segunda, colisão. E tanto uma como outra geram calor. No corpo essa febre indica um bloqueio, uma estagnação ou uma inflamação. Num país significa repressão e apego a um sistema ultrapassado, ou a guerra.

No desenvolvimento espiritual de cada pessoa, significa o enrijecimento do Eu, no velho esquema da insegurança. Assim como o mundo está num impressionante processo de transformação, também cada indivíduo tem de se transformar. Em geral, essa modificação se torna visível pelo pensamento do Eu reprimido e tomado pelo medo, que se modifica para a consciência do Tu, muito mais ampla. E isso acontece sem lutas exteriores. A luta ocorre no interior de cada pessoa.

Ao movimento pela unidade se associaram "viajantes de estribo", que só pensam em tirar vantagem; isto significa que junto com o aspecto luminoso também existe o outro lado, a parte sombria da personalidade humana. Os que corajosamente deram os primeiros passos rumo a um futuro desconhecido, contando apenas com o anelo de seu coração, também são os que se libertaram interiormente. Os outros apenas querem extrair algo da plenitude, sem ousar empreender nada por conta própria. Eles preferem se ater ao velho sistema, preferem a segurança e o consumismo e não gostam que se fale em moral.

Há muitos países que ainda não participam dessa libertação. A corrupção, a violência, a repressão e a indiferença pelos outros estão na ordem do dia. Cada um é o seu próprio semelhante. Os governadores dos Estados governam, e o povo obedece. Isto nada tem que ver com pessoas autênticas. Nesses casos o ser humano tem de aprender primeiro a se elevar interiormente.

O caso oposto, a liberdade desenfreada que gerou as doenças modernas, só acontece no nível do Eu. Para um Ser liberto ela não existe. Mas há oportunidade para mudanças. Existe um novo pensamento, a convivência, a solidariedade, a reflexão, a criatividade e a entrega mútua construtiva que visam uma totalidade maior que se amplia cada vez mais. Esse cuidado ao lidar com os outros, a atenção com o comportamento alheio, também nos foi ensinado pelas doenças modernas. Elas refletem o nosso Ser.

A linguagem dos sintomas

É fácil ver o erro dos outros, mas é muito difícil enxergar a própria sombra.

Essa auto-análise, essa percepção interior e a capacidade de ver o meio ambiente como um espelho, é uma das missões mais importantes, todavia, também mais difíceis, da vida. Treine a sua sensibilidade!

Meus conselhos:

- faça uma lista das coisas ou características que *não* lhe agradam em você mesmo;
- para cada ponto negativo da sua personalidade, assinale um dos seus traços característicos positivos;
- por fim, pense no que tem feito para melhorar.

Agora, tome consciência dos sinais que recebeu nos últimos dias ou semanas. Comece a notá-los no corpo.

Quais são os sinais que o corpo lhe dá? Em que ponto você sente dor? Você sabe que o corpo é a última e a mais direta instância que pode comunicar algo a você.

Vamos analisar os fatos sistematicamente: divida o corpo em lado direito e esquerdo. À esquerda ficam os domínios da anima, a freqüência anímica. À direita, fica o animus, o potencial mental. Do ponto de vista do corpo, à direita ficam o pensamento, a nossa contribuição prática, o modo como organizamos a nossa vida. À esquerda, ao contrário, ficam os sentimentos, a nossa vida emocional.

Assim, existe uma diferença quando você fere a mão direita ou a mão esquerda. A mão esquerda representa a suavidade, ela é usada para acariciar, para tocar, para a troca amorosa de energia, na forma de doação e recepção. A mão direita, em oposição, serve para agarrar, ajudar, para agir. A perna direita é aquela que nos faz seguir em frente na vida. Tenhamos a coragem de viver segundo nossas convicções interiores, e isso nos fará bem. Quando o nosso joelho enrijece e não conseguimos nos dobrar, convém verificar em que plano estamos nos sentindo melhor do que os demais ou se os estamos desvalorizando, fazendo-os sentirem-se pequenos, em vez de cuidarmos do nosso senso de valores! Se houver concentração de acidez nos ossos, se existirem calcificações, talvez convenha descansar e dar a chance aos outros para agir.

Na sua perna esquerda se reflete a sua emotividade; se ela dói, pode ser que você esteja reprimindo sentimentos. Se você não consegue dobrar o joelho, talvez esteja lhe faltando humildade, convém concentrar-se e refletir um pouco. O tornozelo esquerdo lhe chama a atenção para o seu comportamento emocional.

Se um determinado sintoma já é crônico, isso significa que existe um comportamento que você vem mantendo há mais tempo. Se pensar um pouco poderá comprovar o que foi que o ativou. Um caso assim é o mesmo que pegar o mal pela raiz e depois tentar resolvê-lo. O corpo também deve ser purificado dos resíduos que nele se acumulam ao longo do tempo e que são causados pelos bloqueios de energia.

Tanto faz se se trata de uma doença hepática crônica ou de uma moléstia que afeta os rins, ou ainda de uma artrite crônica no dedão esquerdo do pé.

Se o distúrbio for na região da cabeça, fique mais atento à sua percepção. Com os olhos podemos ver – ou não, se assim o desejarmos – alguma coisa. Os ouvidos servem para ouvir ou desejar ouvir algo, mas também às vezes deixamos de ouvir (mais). Problemas no lado direito ou esquerdo nos indicam em que direção devemos conduzir nossa análise.

Uma inflamação nevrálgica do lado direito do rosto indica o medo de perder a identidade (respeito pessoal). O que é que os outros deixam de notar? Os nervos do trigêmio esquerdo são tensionados quando a alma deseja ocultar alguma coisa.

Depois de examinar seu corpo dessa maneira, você deve tentar descobrir onde e de que maneira gasta a maior parte da sua energia. Aprenda a usar todas as teclas do seu piano. Use todos os sons à sua disposição. Se o seu raciocínio for orientado mais pela segurança, você não tentará fazer nada de novo. Resultado: você se apegará à matéria e não conseguirá ser livre. Isso significa que você vive na baixa energia vibratória e não consegue se elevar.

Todas as circunstâncias da vida se tornam difíceis, o que traz de novo à tona a sua necessidade de segurança. Afinal, isso quer dizer que você não tem confiança e, no entanto, está sempre dependendo da confiança em si mesmo. Confie, pense e aja de acordo com as leis eternas, pois só então estará seguro. Se duvidar, terá dúvidas a seu próprio respeito e provavelmente não confiará em si mesmo com razão. Isso porque não se pode mentir a si mesmo. O seu Ser interior ouve tudo o que você diz e percebe os sinais, por mais leves que sejam.

Do seu relacionamento amoroso você recebe o mesmo tipo de sinal. Se o companheiro servir como um seguro do seu "império", não se trata de amor. Se quiser ter amor na vida, precisará mudar seu raciocínio; terá de "esvaziar as gavetas" onde colocou suas avaliações, terá de abrir portas e janelas para o mundo e terá de ter a coragem de se tornar vulnerável. Se fizer tudo isso conseguirá amar também a si mesmo. A plenitude e a alegria não deixam espaço para o ódio, muito menos para o medo. Só há lugar para o amor. O companheiro é alvo do seu amor – não é mais um mero fator de segurança. Analise-se: se viver numa simbiose, o Eu precisará do Eu e permanecerá separado. Se, ao contrário, você viver numa síntese, o Eu servirá ao Tu e, assim, descobrirá o Si-mesmo. Aqui começa o amor.

A linguagem das circunstâncias

O que as circunstâncias da sua vida lhe dizem servem de espelho dos seus pensamentos e ações. Preste atenção no tipo de energia que possui! Você a reconhecerá com toda a facilidade no modo como se sente.

Se determinado fato o deixa triste, desperta grandes inseguranças ou o faz vibrar de ódio, ele o afeta interiormente. Aqui são atingidos tanto o Eu como a energia física. Os impulsos dessa situação se movem na freqüência vibratória mais baixa.

Se perceber que as outras pessoas logo se perturbam quando você se aproxima, que elas têm pouca paciência com você, que a sua tendência é a de se enervar com muita facilidade e que não consegue admitir críticas, convém analisar se acaso não está trabalhando demais, sendo rígido demais consigo mesmo ou talvez usando muito pouco as forças criativas da sua alma. Muitas vezes o espírito é integrado num nível razoavelmente elevado e só a alma ainda vive no plano corporal.

Quando só as idéias e os anseios elevados representam um papel de importância, a pessoa acha que toda situação, circunstâncias ou objeto não são suficientemente bons, pois não correspondem aos seus ideais; por certo existe a vibração anímica, porém o espírito ainda está apegado ao Eu.

Caso exemplificativo

Conheço uma mulher que serve como exemplo. Agora ela deve estar com cerca de 30 anos, embora permaneça uma jovenzinha, cheia de elevados ideais a ponto de não ter aprendido nada por achar que nada era suficientemente bom, que nenhum dos seus possíveis empregadores podia aceitar suas exigências. Embora não trabalhe até hoje e seja sustentada pelos pais, ela os responsabiliza pelo tipo de vida que leva. Ela alega que eles não vivem dentro da harmonia aceitável segundo o seu conceito de harmonia, que ela considera o único correto.

Ela se muda de um lugar para outro, vive em busca de mestres espirituais aos quais possa venerar. Seu maior desejo é ter um companheiro, contudo exaure sua energia sexual através de constantes doenças e não permite que nenhum homem se aproxime de forma mais íntima. É óbvio que ela tem problemas de alma, pois não consegue harmonizar seu corpo com a orientação mental. Neste caso são necessários a materialidade, o Eu e uma força espiritual orientada para a objetividade.

Todavia, as pessoas desse tipo sempre acreditam que sabem de tudo melhor, e, assim sendo, falar sobre as circunstâncias que envolvem o problema de nada adianta, pois isso implica reflexão e, portanto, crítica à personalidade que narcisisticamente elas consideram algo especial, pois de fato não conseguem estabelecer contato com o próprio Eu. Por isso é difícil esperar algum tipo de mudança. A ajuda só pode ser dada no que se refere às doenças que surgem como um substituto para a dedicação em nível mais elevado.

Se por acaso você se reconhecer nesta descrição, vá o mais depressa que puder procurar ajuda no tratamento psicossomático. Nesse tipo de terapia você aprenderá a tomar conhecimento do seu corpo, espírito e alma e a harmonizá-los. Esse tipo de tratamento não pode ser comparado com o ministrado numa clínica psiquiátrica. São levados em consideração a psique, que é igual à alma, e o soma, que é igual ao corpo, e estes são tratados conforme descrevi acima. Por certo haverá diferenças em todas as clínicas e seus métodos de tratamento, mas é fácil fazer uma consulta prévia.

Também os acidentes podem ser uma indicação importante. Se o Eu recebe um pequeno empurrão por trás para ir para a frente, acaso isso significa que se excluem a reflexão e a atenção? Se, contudo, houver um grande número de pequenos acidentes, é preciso pensar seriamente sobre o fato de ser conveniente orientar a vida para uma tranqüilidade maior. Se no momento ela estiver um tanto caótica, é preferível interromper as atividades a ser internado numa clínica de repouso. Portanto, melhore a qualidade da sua vida!

Se enquanto isso você constatar que nos últimos tempos se amontoam "processos" na sua agenda, se as brigas forem constantes, verifique de que modo você pode esclarecer as situações no futuro antes que aconteça o pior. Tenha conversas francas e cuide da "assinatura dos contratos''; cuide, enfim, da comunicação clara e específica. É preciso ter liberdade de espírito, descobrir mais espaço para as coisas importantes da vida. O Eu está se limitando demais, está confuso. Você está se movimentando num campo de batalha. Exigem-se mais transcendência e mais verdade.

Observe-se, tome consciência de si mesmo; pois o caminho para a tranqüilidade interior e exterior, para a liberdade interior e exterior, só pode ser trilhado no momento em que você identificar os obstáculos e conseguir superá-los.

A força do pensamento

Nossos pensamentos têm o poder de influenciar a nossa vida, determinando a sua forma. Só a manipulação consciente dos pensamentos pode levar a uma vida de responsabilidade e liberdade. Disso decorre a consciência das palavras. Ter responsabilidade pelo que dizemos significa assumir a responsabilidade pelos nossos pensamentos íntimos. Assim, torna-se compreensível que as palavras sejam formas de energia e pensamentos manifestados.

Fala-se de tantas coisas ''inconscientemente''; e as pessoas não têm certeza se essa ''conversa fiada'' representa de fato o seu conteúdo interior. Por exemplo, uma linguagem artificial indica uma vida artificial. Uma linguagem clara, ao contrário, é a indicação de uma vida íntegra. Você pode acrescentar quantos exemplos quiser, mas sempre voltará a comprovar este fato. Ter consciência do que se diz vale a pena – e se reflete sobre o seu estado de espírito.

Cabe somente a você decidir com que energias quer lidar na vida, à medida que toma consciência das suas palavras e pensamentos. Convém que você saiba que um mero pensamento tem menos força do que aquele que é acompanhado por um sentimento e por uma palavra. Uma idéia unida a um sentimento, à imaginação, atua até no futuro. Um pensamento que contenha um grande campo de energia positiva e seja expresso com a melhor das intenções recebe energia adicional do ambiente.

Nossa vida, nosso comportamento e nosso modo de pensar estão principalmente impregnados por nossas experiências. O presente é o resultado do nosso passado, o resultado dos nossos pensamentos. Portanto, é importante usar conscientemente a força do pensamento.

Por conseguinte, é decisivo o modo como você pensa sobre as outras pessoas, coisas e situações. Não estou com isso querendo dizer que você só deva ser bom e positivo, mas sim que deve se decidir com consciência e clareza. De acordo com o conteúdo e a qualidade dos seus pensamentos, os centros energéticos que lhes correspondem são ativados. Se você manipular os pensamentos a seu favor, estará fazendo com que os outros reajam com vibrações menos elevadas, com energia inferior. Pode continuar manipulando os pensamentos, mas não espere obter grande criatividade com isso. Nesse nível só acontecem coisas relacionadas com o mundo material.

Quando somos sinceros, as circunstâncias da vida não nos causam surpresas. Mas quem é totalmente franco? Muitas vezes mentimos a nós mesmos com tanta perfeição, que acabamos por acreditar em nossas próprias mentiras.

É nesse terreno que são feitos muitos jogos! É aqui que vemos o sadomasoquismo da eterna criança mimada que procura exercer os jogos de poder fingindo-se culpada de algo, mostrando sua carência afetiva, sendo impontual, demonstrando dessa forma sua auto-importância, fingindo ser "um anjinho" ou então adotando a postura "eu só faço tudo por amor", ou ainda "Deus bondoso irá me perdoar".

Dar sem esperar recompensa, dar com a intenção de fazer o melhor traz sucesso a longo prazo. Talvez esse sucesso não seja tão palpável quanto o sucesso a curto prazo. No entanto, à primeira vista o acúmulo de bens também só acontece a fim de que a pessoa se sinta bem. Quando o "bem-estar" é seguido de dores renais (problemas no relacionamento conjugal) porque o sucesso foi alcançado à custa dos outros, obviamente esta situação é bastante questionável.

Incluir e respeitar os pensamentos e as intenções dos outros ativa energias de elevada vibração, por exemplo, as energias provindas do coração. Quando se consegue fazer isso, ou seja, despertar essas energias, o ambiente ao redor se torna muito mais positivo e a pessoa se sente bem.

Contudo, se as intenções dos nossos atos visam apenas obter vantagens pessoais, o sucesso a longo prazo não acontece, pois esse procedimento provoca uma estagnação no fluxo energético.

Quando deixamos de manifestar nossas aptidões, de dar nosso apoio, de ter confiança e de manifestar o amor porque temos:

- medo de receber menos do que nos é devido, isso provoca uma estagnação no corpo. Como conseqüência temos uma sensação de estufamento e prisão de ventre;
- cobiça. Esta leva à artrose, à hiperacidez, à rigidez de vários tipos, à arteriosclerose;
- carência afetiva. Esta causa um estreitamento dos vasos do coração (*angina pectoris*), provoca medo da morte e reumatismo.
- egoísmo. Neste caso, acontecem perdas do padrão de vida desejado (reconhecimento público, amor, propriedades, confiança, fidelidade das pessoas que foram "usadas").

Dar e receber devem estar em harmonia, e nesse encontro deve estar presente a disposição de entrega. Eis que estamos outra vez às voltas com os nossos pensamentos, pois, com grande freqüência, é difícil confessarmos em público o que se passa em nosso íntimo. Porém, quando expressamos nossos pensamentos, nossa postura interior, os outros logo percebem o fato, quer consciente quer inconscientemente. E os que pensam da mesma forma se sentem atraídos por nós.

Desse ponto de vista, o ambiente externo nos serve como espelho. Seus amigos por certo lhe contam fatos da sua vida neste mundo. As circunstâncias em que vivem são o reflexo da expressão da sua personalidade. O estado dos seus corpos lhes serve como indicador do seu modo de proceder.

Se você deseja dar à sua existência uma forma construtiva, aprenda a atuar positivamente imbuindo-a da qualidade que deseja. Só você pode conduzir seus pensamentos para a direção que quiser! Portanto, dê aos seus pensamentos a direção que gostaria de tomar na vida, enfrentando todas as conseqüências.

Dê uma oportunidade à alegria – ela lhe agradece dando-lhe em troca a saúde. A alegria contém uma energia luminosa que, por sua vez, dá asas aos seus pensamentos. Seja otimista! Mantenha seus pensamentos ligados a coisas divertidas, enaltecedoras e construtivas.

O pensamento construtivo

As palavras contêm as vibrações dos pensamentos que ou são manifestados a partir do plano da alma ou do plano do Eu. Nosso raciocínio lógico é preso ao corpo e só pode reproduzir aquilo que aprendemos. O âmbito criativo (relacionado com o lado direito do cérebro), ao contrário, tem acesso à alma e à sua criatividade. Palavras dotadas de vibração da alma contêm visivelmente mais força, pois elas criam a partir de planos mais elevados do Ser. Para podermos criar dessa maneira, nossos pensamentos e nossas palavras devem conter a verdade, a beleza e a clareza de sentido. Elas nos devem levar à compreensão da verdade mais elevada e tornar possível vivê-la.

Palavras e pensamentos enaltecedores, em que também incluímos positivamente o próximo, levam a uma sensação de satisfação de todos os implicados, põem vibrações cósmicas em movimento. Nesse caso, o raciocínio lógico só acarreta limitações quando não tivemos antes experiências nesse sentido. Ele não pode sentir, ele apenas raciocina e pensa que pode ter sentimentos. E assim apenas recria a dualidade. O Eu superior e a alma, ao contrário, conhecem o futuro e o passado, pois contemplam ambos de um plano mais elevado.

Para discernir com maior segurança se é o pequeno Eu ou o Eu superior que está se manifestando, é importante saber distinguir claramente se emoções (vibrações inferiores) ou sentimentos (vibrações superiores) estão em jogo.

Quando se presta atenção no presente e se permite que as ações atuem de forma construtiva no futuro, vive-se conscientemente. Ao contrário, quando se está preso ao passado, entende-se que o ego necessita de segurança e as ações são regidas pelo pequeno Eu. Trata-se de uma limitação da segurança que se baseia no "querer ter" e no medo. Mas essa atitude nos tira a possibilidade de construir um futuro que contenha a amplitude, o amor e a liberdade.

O pensamento global

É o pensamento global que lhe proporciona um vasto espaço de desenvolvimento. Quanto mais espaço der aos pensamentos, maior será o apoio recebido desse plano.

Vamos esclarecer isso por meio de um exemplo: imagine um ponto que se encontra dentro de um amplo espaço. Esse ponto tem a capacidade de transmitir e de atrair energia. Se ele se concentrar unicamente em si mesmo, só atrairá energia e ficará estufado. Seu campo de expansão é bastante limitado. Todavia, se ele tomar conhecimento do ambiente muito maior que o cerca, se ampliar a atenção e por conseguinte a energia que o cerca, o pensamento se tornará mais claro, límpido e maior.

O "Eu sou", o medo que os homens têm de perder a identidade caso se abram aos outros, é mais do que um mero ato de densificação da energia. Quanto mais conhecedores do Ser, mais os homens se tornarão conscientes das suas capacidades. E quanto mais ampliarem e derem forma à multidimensionalidade do Ser, tanto mais integrados serão.

O pensamento transpessoal

O pensamento transpessoal contém o tesouro de experiências do seu Eu superior e usa esse conhecimento. Através da transcendentalidade do próprio Eu é possível estabelecer uma ligação consciente com tudo e aceitar tudo o que existe. Você se abre para as suas dimensões mais elevadas, para os sentimentos superiores, para o Eu mais ampliado. Além disso, trata-se de "um abrir-se aos outros", da experiência de entrar em contato com o que eles acumularam em experiência, com o que eles possuem interiormente.

Limitar os pensamentos no nível do Eu nos torna pequenos e provoca estreiteza. O pensamento transpessoal, em vez disso, ultrapassa todos os limites e proporciona a plenitude, o que equivale a lucro, evolução do ser e liberdade. Ele traz luz, amor e sucesso à vida.

9. O desenvolvimento dos homens segundo a doutrina dos chakras

A seguir, você saberá o que as energias representam para o ser humano e para a vida, segundo a doutrina dos chakras. Você verá que existem inter-relacionamentos decisivos entre essa doutrina e o que você leu até agora. Por certo, você já compreendeu que o seu processo de desenvolvimento não começa nem termina com esta vida. Existe um significado no fato de você estar sujeito a determinada freqüência vibratória. É ela que lhe confere o seu estilo e determina o potencial com que enfrentará a vida. Vale a pena aperfeiçoar e tornar mais sutil essa energia.

O desenvolvimento do ser humano começa no momento em que é concebido. Essencialmente, no entanto, o Si-mesmo que aparece no ser humano como a sua persona está em constante processo de desenvolvimento, em permanente transformação. Na sua estrutura de personalidade, o ser humano pertence, como uma pequena unidade, a uma unidade maior de Ser. Tratarei novamente desse assunto no final desta visão geral, a fim de mostrar em que etapa da evolução o Ser está e, conseqüentemente, o desenvolvimento do Eu que depende de cada um.

Depois da concepção, o embrião se desenvolve na seqüência inversa do que costuma ser o desenvolvimento dos centros de energia do ser humano, que cresce conscientemente. E então emergem todas as informações experimentadas pelo Si-mesmo até o momento (no processo da tridimensionalidade): primeiro, as informações espirituais, depois as da alma e, por fim, as informações do corpo. A nova vida é dada à luz pelo Eu superior nas circunstâncias necessárias ao seu atual processo de aprendizado. Daí segue-se obrigatoriamente que nós (a partir dessa história do desenvolvimento) somos responsáveis pela nossa situação e pelas circunstâncias da nossa vida, pois foi o nosso Si-mesmo que as escolheu conscientemente, a fim de poder compreendê-las, dominá-las e aprender a integrá-las no seu sistema.

A partir do nascimento físico se completam as etapas isoladas do desenvolvimento, ou seja, desenvolvem-se os centros de energia de baixo para cima, portanto do primeiro até o sétimo chakra. Todos os seres humanos desenvolvem, ao longo da vida, todas as qualidades e recebem todas as informações de cada um dos chakras. A formação integral de cada chakra leva cerca de sete anos.

Como acontece com o Si-mesmo, também no desenvolvimento de cada chakra há uma subdivisão (portanto, outras sete diferenciações). Nessa subdivisão se encontram as informações isoladas do respectivo chakra, só que com a qualidade do chakra em desenvolvimento na ocasião.

Isso significa o seguinte:

- Na base estão todas as informações e as qualidades que estabelecem os alicerces para a continuação de um bom desenvolvimento.
- Se houver uma perturbação na base, é bem possível fazer uma correção depois, visto que todos os estágios serão percorridos posteriormente em todos os chakras subseqüentes.
- Todas as energias têm a possibilidade de se desenvolver desde a grosseira matéria bruta até a forma mais sutil e transparente.
- Se houver uma perturbação nos chakras superiores, por exemplo, no quarto chakra, no quinto subchakra, e os chakras precedentes estiverem em ordem (portanto, não apresentarem nenhuma perturbação), será mais fácil corrigir a perturbação nessa quinta subdivisão, visto que a energia já se estabilizou.

Até completar 49 anos de idade, portanto, o homem já aprendeu a conhecer todas a formas de energia, da sua estrutura mais densa à mais sutil. Até que ponto ele as compreendeu ou captou depende da sua vibração predominante. É através dessas energias que o ser humano vive e compreende o mundo. É aí, também, que a sua missão de vida pode ser encontrada.

As forças isoladas não atuam apenas sobre o corpo sutil e lhe transmitem suas energias e informações; elas também agem sobre o nosso corpo físico. Os chakras distribuem suas energias para as glândulas correspondentes do corpo, e também para cada um dos órgãos ou para o sistema correspondente, que são irradiados com suas informações. Se houver perturbação num dos chakras, ela atua sobre o órgão relacionado e vice-versa.

A energia começa a se encarnar com a informação do espírito (sétimo chakra). A alma, com suas informações, determina a estrutura interior do homem (sexto chakra). Nesse ponto o embrião ainda é bissexual. Em seguida começam a se encarnar os traços característicos até o primeiro chakra, onde todas as particularidades do novo ser humano estão encarnadas detalhadamente.

A partir do quarto chakra, o novo ser se torna perceptível e participa do seu meio ambiente. Seja como for, ainda não há conceituação de tempo e de espaço. O embrião está ligado à sua mãe, e, portanto, percebe tudo o que ela pensa e sente.

Só no curso da vida consciente a personalidade se desenvolve, para depois, no sentido da transcendência e da evolução posterior e superior do Ser e da unificação com o Si-mesmo, tornar a se desapegar dela.

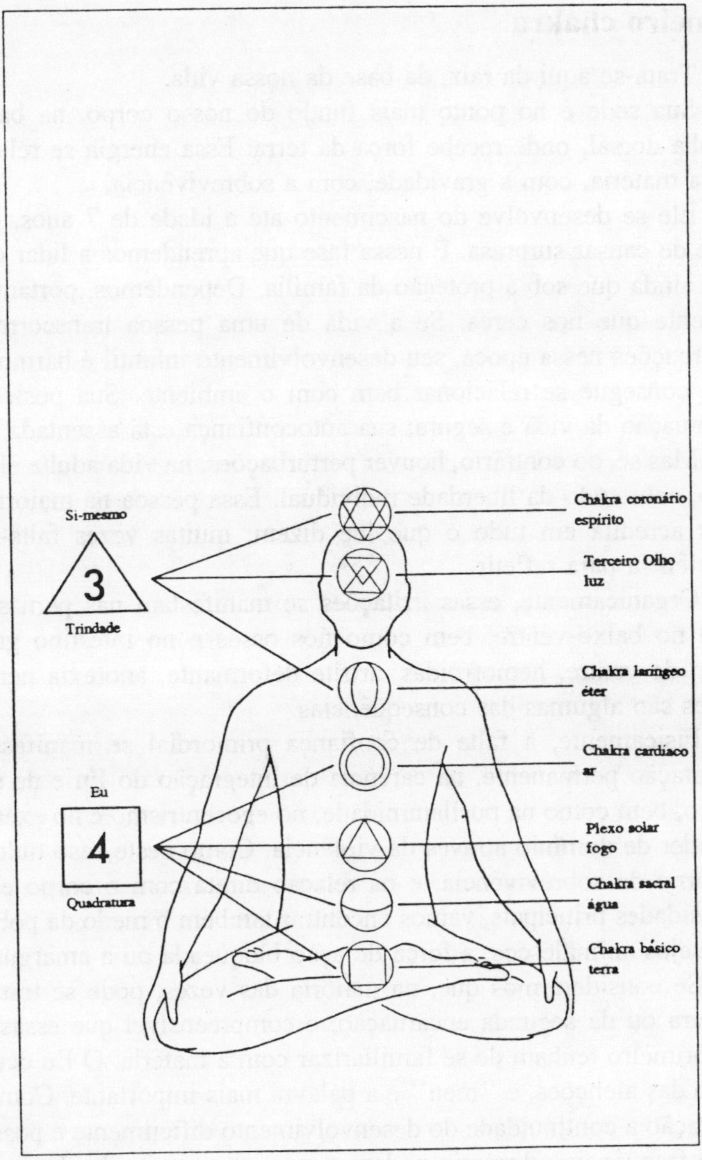
Si-mesmo
3
Trindade
Eu
4
Quadratura
Chakra coronário
espírito
Terceiro Olho
luz
Chakra laríngeo
éter
Chakra cardíaco
ar
Plexo solar
fogo
Chakra sacral
água
Chakra básico
terra

Primeiro chakra

Trata-se aqui da raiz, da base da nossa vida.

Sua sede é no ponto mais fundo do nosso corpo, na base da espinha dorsal, onde recebe força da terra. Essa energia se relaciona com a matéria, com a gravidade, com a sobrevivência.

Ele se desenvolve do nascimento até a idade de 7 anos, o que não é de causar surpresa. É nessa fase que aprendemos a lidar com a vida, ainda que sob a proteção da família. Dependemos, portanto, do ambiente que nos cerca. Se a vida de uma pessoa transcorre sem perturbações nessa época, seu desenvolvimento infantil é harmonioso e ela consegue se relacionar bem com o ambiente. Sua posição na continuação da vida é segura; sua autoconfiança está assentada.

Mas se, ao contrário, houver perturbações, na vida adulta ela terá medo, sobretudo da liberdade individual. Essa pessoa na maioria das vezes acredita em tudo o que lhe dizem; muitas vezes falta-lhe a consciência para refletir.

Organicamente, essas irritações se manifestam nas pernas, nos pés e no baixo-ventre, bem como nos ossos e no intestino grosso. Prisão de ventre, hemorróidas, artrite deformante, anorexia nervosa, varizes são algumas das conseqüências.

Fisicamente, a falta de confiança primordial se manifesta na inquietação permanente, na carência de integração do Eu e de senso prático, bem como na pusilanimidade, no egocentrismo e no exercício do poder de domínio através da violência. Como neste caso tudo gira em torno da sobrevivência, e há relação direta com o corpo e suas necessidades principais, vamos encontrar também o medo da pobreza, os desejos animalescos, a força de ação bloqueada ou a amargura.

Se considerarmos que, na maioria das vezes, pode se tratar da primeira ou da segunda encarnação, é compreensível que essas pessoas primeiro tenham de se familiarizar com a matéria. O Eu ocupa o centro das atenções, e "meu" é a palavra mais importante. Com essa orientação a continuidade do desenvolvimento dificilmente é possível. Nessa freqüência vibratória podemos ver pessoas simples bem como industriais vestindo ternos de flanela cinzenta, por exemplo.

Na esfera da sexualidade, elas também são grosseiras. O parceiro muitas vezes só serve como objeto da satisfação dos desejos instintivos. O sexo possessivo e o uso da violência acompanham o ato sexual. A demonstração de força é considerada um sinal de potência; é por isso que encontramos aqui a ''mulher-criança'' bem como o ''machão''. Ela precisa dele como protetor porque acha que não consegue viver sozinha. Ele precisa dela para afirmar o seu ego. Dessa forma, é fácil se desenvolver o sadomasoquismo.

Trata-se de um problema grave. A massa atrai a massa e se separa do vazio, ou seja, 0 + 0 = 1 (o nada vem antes).

Visualização do primeiro chakra

Está escuro. Andamos por pântanos, o lugar está cheio de mosquitos e há perigo de nos afogarmos. O ar é denso, pesado. Depois de uma longa viagem, chegamos à terra seca onde cresce um capim espinhudo; logo avistamos plantas exuberantes, pesadas de frutos. Lentamente, nos aproximamos da floresta virgem. Vemos e ouvimos os macacos nas árvores. Uma cobra enorme silvando se enrola num galho. Assustamo-nos com um ruído que parece se aproximar, abafado, mas ritmado. Reconhecemos um elefante gigantesco que orienta a sua manada. Eles passam majestosamente por nós, e é muito bom que estejamos contra o vento. As elefantas permitem que os filhotes caminhem embaixo das suas barrigas, para protegê-los.

Em seguida, chegamos à estepe. Nativos nus fabricam armas de pedra e se movem de forma semelhante aos macacos nas árvores. A chuva abundante e o húmus das plantas mortas tornaram a terra fértil, e lentamente os clãs de nativos começam a preparar o solo.

Quanto mais nos adentramos nesse país, maiores se tornam as aldeias, até que, por fim, nos deparamos com a primeira cidade. Os homens, porém, ainda vivem em estreita ligação com a natureza, e com a família, e continuam a prezar os velhos valores. É fácil influenciá-los e amedrontá-los. A princípio, recusam mudanças e desconfiam delas. Têm toda a razão, se levarmos em conta o lado negativo desse desenvolvimento. Todos querem dinheiro e poder, e muitas famílias se organizaram tão bem que são capazes de fazer que as outras paguem por proteção, usando de pressão e de violência. No entanto, há reações contrárias de pessoas que têm a coragem de dizer não, e que são confiantes. Também estas se organizam e conseguem formar uma força contrária.

Segundo chakra

O segundo chakra, ou chakra do sacro, muitas vezes também é denominado de chakra sexual. Ele se situa a cerca de um palmo abaixo do umbigo e recebe energia do interior. Ele contém a força das plantas deste mundo e implica a fertilidade, a modificação. Seu elemento é a água. O homem que atua com essa energia segue suas emoções, suas tendências, e persegue os prazeres.

Contudo, é tempo de aprendizado também. Ele se desenvolve entre os 7 e os 14 anos de idade. Afinal, aos 7 anos as crianças vão à escola. Essa fase é simultaneamente a das brincadeiras. Brincando, o ser humano aprende a descobrir o mundo.

Se tudo correr bem, a criança ainda não passou por experiências más, está repleta de otimismo e totalmente despreocupada. O papel representado pela família é de grande importância, pois a criança em desenvolvimento precisa de proteção e segurança, embora sinta curiosidade e vontade de percorrer o mundo.

Se houver perturbações aqui, muitas lágrimas serão derramadas pela pessoa, inclusive posteriormente, na fase adulta. Aqui surge o medo das ligações que sempre estão associadas às responsabilidades. Do ponto de vista orgânico, reencontramos distúrbios renais, impotência, frigidez, males do útero ou da próstata; com freqüência, a bexiga é atingida. Como o segundo chakra se relaciona com o quinto, observa-se aqui também a rigidez do pescoço ou da parte inferior das costas. Tudo o que diz respeito à intoxicação também pode ser incluído aqui (embora esse distúrbio também apareça em outros setores do corpo).

Como estamos tratando da fase lúdica e do aprendizado, descobrimos no ser adulto que ainda não saiu deste estágio a despreocupação, a eterna criança, o *playboy* e a *playgirl.* Essas pessoas não têm pudor ou sensações de culpa e não se deixam limitar, seja lá como for. São escravas de impulsos emocionais, sentem-se fascinadas pelo novo, e o centro do seu mundo é o prazer. A afirmação "sinto, logo sou" faz parte do repertório de sentenças dessas pessoas.

Nesse campo também vemos o esteta passivo e o *voyeur*, que vivem de forma harmoniosa, embora com alguns pequenos obstáculos. Eles estão fascinados pelo prazer, mas de forma nenhuma comprometidos por ele. Mantêm-se a distância.

Nessa freqüência vibratória, descobrimos os amigos ocasionais, que trocam rapidamente de parceiros, homens infantis e mulheres imaturas. Antigamente o Don Juan, hoje o *jet-set*, as drogas, os excessos, o culto à beleza, às aparências. Tudo o que se mantém preso à superficialidade. Não se pensa em aprofundamento, a não ser que estes estejam "na moda".

Nesse contexto encontramos as constantes e fáceis trocas de parceiros, a sexualidade por puro prazer e desejo, como uma diversão, ou seja, os jogos amorosos, a troca de casais, as parcerias assim chamadas "livres". Amizades passageiras predominam.

Aqui também estão os mestres do humor, do riso, o jogo, as máscaras, o vazio, as ações teatrais, assim como o medo. Trata-se da movimentação. Os componentes massa e não-massa se fundem, e o resultado é a polaridade, ou seja, 0 + 1 = 2.

Visualização do segundo chakra

É primavera. O Sol está brilhando e em toda a região impera um ânimo festivo. O perfume de terra fértil se espalha no ar e deixamos o verde-escuro da floresta virgem para trás. Cores claras, luminosas, se espalham pelo campo. Por toda parte brotam e vicejam flores; os pingos da última chuva que caiu se desprendem das árvores e refletem a luz dourada do Sol, que também cintila nas gotas de orvalho da grama. O Sol acabou de despontar no horizonte, e o vermelho da manhã envolve o país em cores encantadoras.

Encontramos pessoas jovens, cujo rosto é franco e sorridente, irradiando otimismo e alegria de viver. Ouvimos seus planos e suas fantásticas idéias. Sem rodeios, elas perseguem as metas traçadas, e podemos ter a certeza de que elas vão transformá-las em realizações. Elas enfrentam a vida com garra, derrubando tudo o que se coloca em seu caminho. A naturalidade das suas ações parece dar-lhes razão.

Elas vivem nas cidades e com as suas famílias de origem. Há camponeses mais velhos com rostos que não revelam a idade, cobertos de rugas expressivas. Têm olhos inocentes e estão sempre caminhando; são incansáveis. Para elas, a vida é uma bela paisagem, da qual devem cuidar e que vale a pena desfrutar. Outros têm rostos lisos, vazios e imaturos. As pessoas são suaves, mas não têm radiação própria. O tempo parece ter passado por elas sem deixar vestígios. O papel que representam agora, as palavras que usam são as mesmas de sempre. Os filhos desse país sabem de tudo antecipadamente. Seus sábios ensinam a ver a vida como um jogo.

Terceiro chakra

O plexo solar é o centro da força. Ele fica uma polegada acima do umbigo e extrai sua energia da parte posterior do corpo e dos animais deste mundo. Seu elemento é o fogo; sua expressão, a vontade. O ser humano com essa energia vive a vida lutando, tanto faz se essa luta acontece em competições esportivas ou na vida cotidiana.

É tempo de conquistar o mundo. Esse chakra estabelece suas fronteiras na pessoa entre 14 e 21 anos, quando ela pisa o próprio mundo, escolhe um trabalho, decide as metas a seguir. O pai ainda domina o jovem, que tem de obedecer; contudo, o espírito se disciplina, o raciocínio é treinado e mantido sob controle. Na maioria das vezes os jovens se interessam pela técnica. Um quer ser melhor do que o outro. Há espaço para cultivar o orgulho. Hierarquias sociais são valorizadas, a aparência e o sucesso contam pontos, e se luta por eles. Já que tem de ser, que seja a qualquer custo.

Se tudo correr bem, passa a existir uma compreensão lógica bem-fundamentada, e a confiança. A vontade, o discernimento e a ação passam a ter prioridade. O desenvolvimento de um ego forte e da personalidade ocupam o lugar principal.

Se houver perturbações nessa época, podemos contar com a manipulação e a magia quando o ser humano se tornar adulto. A inteligência pragmática só admite uma visão de mundo realista, e todos os fatos são catalogados em gavetas e caixinhas. Aqui se vive segundo a política do tipo "ou preto, ou branco".

No corpo físico, as perturbações desse campo se manifestam por meio dos órgãos do ventre, do estômago, do intestino delgado, do fígado, da vesícula, do baço e do pâncreas, inclusive através do cérebro e do sistema límbico.

Pessoas que vivem com esse tipo de energia ocupam-se geralmente com esportes que exijam o corpo a corpo, como os jogos de defesa, e ainda com planejamento, previsões e regulamentos. Trata-se de um domínio fortemente masculino de atividades. Tudo corre segundo o lema: caçadores ou caçados, tiranos ou servos, bem-sucedidos ou fracassados, vitoriosos ou vencidos.

Como essas pessoas têm uma tendência voraz para a sincronicidade, assim como para a escolha da coisa certa e bem-sucedida, e como não duvidam de si mesmas, em geral têm êxito. Elas atuam no mundo exterior como se estivessem realizando coisas em favor dos outros; quando, na verdade, estão preocupadas com a própria imagem, com a ampliação do seu poder. Elas vivem em função da sociedade e, muitas vezes, é aqui que a maioria dos casamentos são realizados por motivos políticos.

Se essa fase for vivida harmoniosamente, o homem gasta sua energia agressiva na prática do Tai-Chi, do Kung-Fu, do Jiu-jítsu, do Aikidô, portanto, na prática de esportes que equilibram o centro do corpo. Ou ainda estarão exercendo uma carreira em que tomarão cuidado para não causar prejuízo aos outros, esforçando-se para ter um bom desempenho. Trata-se do esforço para libertar o espírito.

Na área da sexualidade, o parceiro é usado de preferência para cultivar a própria imagem: mulher jovem e senhor mais rico, muito mais velho; jovem com futuro promissor e senhor com alto posto e nome de família tradicional. O amor representa um papel secundário; as perversões são encontradas com freqüência. O sexo como meio de obter poder faz parte da vida normal.

A magia do poder representa um importante papel. Aqui se trata da interação, da relação de troca entre a pessoa e o grupo. Os componentes massa e movimento se chocam: 1 + 2 = 3.

Visualização do terceiro chakra

Abandonamos a planície com sua eterna primavera e seu clima instável, e chegamos às suaves encostas e aos vales fecundos. À medida que entramos nessa região, tornam-se mais visíveis os campos bem cercados e as estradas retas bem sinalizadas com suas placas de sinais de trânsito. As pequenas localidades ou os castelos com muros altos ficam bem distantes, e seus contornos são bem delineados. Eles estão interligados por rodovias e estas levam às cidades, cujo planejamento inclui ruas retas, visivelmente dispostas em quadras. O clima é indefinido, às vezes muito quente, outras vezes bastante frio.

Aqui impera a ordem, os moradores da região se comportam segundo as leis vigentes. O direito e a ordem funcionam bem, as regras e prescrições são seguidas regularmente. Aqui há ricos e pobres, mas está surgindo uma classe média a partir das oportunidades oferecidas, pois as pessoas são ativas e esforçadas.

Mas existe também um outro lado. Há pessoas que não conseguiram dirigir sua vida e adaptá-la ao ritmo "normal". Elas se juntaram e formaram grupos de homens que aterrorizam os outros. A polícia está constantemente atrás delas, que não diminuem em número, apesar dos castigos cada vez mais severos. As pessoas pobres desse país sustentam esses grupos terroristas, visto que também não estão satisfeitas com a distribuição da renda. Elas se alegram bastante quando um roubo ao correio ou um assalto ao banco são bem-sucedidos. Se alguém sobe ao poder, muitas vezes sua vida pregressa é apagada e, diz-se de muitos, que por trás dessa ascensão existe a força de grupos terroristas. Depois de algum tempo, ninguém mais questiona de onde a pessoa veio, pois seu poder cresce rapidamente.

Nesse país, há muitos centros esportivos e competições de todo tipo. Cada um tem a oportunidade de se realizar. Existe também um exército bem-preparado e com uma boa tecnologia de defesa. Aqui as pessoas estão alertas, e mal se cogita da possibilidade de atacá-las de surpresa. Elas parecem estar constantemente preparadas para reagir a um ataque. Como esses seres humanos vivem em constante tensão, seus nervos estão à flor da pele e os enfartes, assim como as doenças do estômago, são comuns.

No entanto, há muitas crianças. Elas já se acostumaram desde pequenas a um bom desempenho; têm o corpo sadio e o espírito alerta. Muitas vezes dão a impressão de estarem amedrontadas, pois estão totalmente desamparadas diante dos adultos. Naturalmente há instituições em que essas crianças aprendem a se adaptar às exigências da sociedade. Cada morador desse país sabe que é responsável por si mesmo e que tem de assumir as rédeas do seu próprio sucesso. Se não for bem-sucedido, tem de receber ajuda, ou então a culpa é atribuída aos outros. Mas nesse lugar todos têm chance de ser vitoriosos.

Quarto chakra

A partir daqui o ser humano começa a se erguer e a tomar consciência de que ele é divino. O centro do coração também é o centro do amor. Na altura do coração se irradia uma força de trás para dentro da parte superior do corpo.

O desenvolvimento acontece entre 21 e 28 anos, período em que o homem procura um companheiro. O Eu encontra o Tu, formam-se novas pequenas comunidades; o Tu é incluído nos planos relativos ao futuro. O Eu se desvincula da velha família e começa a dar seus passos num mundo todo seu. A dedicação ao próximo vem em sua ajuda.

É neste ponto que encontramos as pessoas românticas. Elas se dedicam inteiramente às suas paixões, que podem ser de várias naturezas: grandes casos de amor, grandes idéias, a arte, a religião, a poesia. Richard Wagner e Ludwig II pertencem a essa categoria, bem como os homens com verdadeiro espírito de liderança, aqueles que se preocupam com o bem-estar dos seres humanos. Suas intenções se diferenciam visivelmente dos propósitos das pessoas que desenvolvem o terceiro chakra, pois pensam com o coração.

Freqüentemente essas pessoas dão a impressão de ser um pouco ingênuas e, muitas vezes, estão sujeitas às ilusões e, por conseguinte, às desilusões. Mas elas continuam fiéis a si mesmas e vivem suas paixões. Para elas, dar e receber é algo natural. Muitas vezes há também o desejo de libertação, de fusão com Deus.

Em caso de perturbações, encontramos a paranóia, a depressão e as manias, a asma, a pressão alta, todos os tipos de doenças cardíacas e os males dos pulmões.

Como aqui o plano da alma é atingido, também se desenvolve a fantasia, a força da imaginação e a solidariedade. Para essas pessoas, não existem mais caminhos impossíveis, pois estão livres, decidem e atuam intuitiva e impulsivamente. Elas já sabem que as energias do coração e dos pensamentos representam as energias da vida. O homem ouve a voz interior e descobre o Si-mesmo. O Eu perde a força. O ser humano fica mais leve e a matéria, transcendental.

Como essas pessoas tentam realizar suas paixões, trocam muitas vezes de parceiro quando estão em busca do grande amor. Suas ilusões se desmantelam com freqüência, e em alguns meses a busca recomeça. O romântico incurável persegue um fantasma. Quando imagina tê-lo descoberto, ele se envolve apaixonadamente na nova grande história de amor e não duvida da sua correção e do seu valor. Os erros ainda são do outro.

É aqui que encontramos os pensadores positivos que não tomam conhecimento de nenhum tipo de imperfeição. Mas a observação é importante, como também a subseqüente decisão; do contrário, surge o câncer, pois a alma não se deixa enganar. Aqui as drogas não ajudam a superar a desilusão. A partir do quarto chakra o Eu recebe mais força do coração e encontra a coragem de enfrentar a luta consigo mesmo, de forma consciente. Ele começa a ver como espelho o mundo que o cerca e trilha os novos caminhos do conhecimento.

Aqui não existe mais a teoria do "ou preto ou branco", mas a diferenciação, o significado da vida, os conceitos de qualidade. Neste caso, trata-se de padrões preestabelecidos e de associações. Os componentes massa + movimento + interação se agrupam, ou seja, 1 + 2 + 3 = 4. O amor é a força unificadora.

Visualização do quarto chakra

Saímos das colinas suaves e chegamos a uma grande cadeia de montanhas. Alguns caminhos isolados levam ao cume. Às vezes, avistamos uma moradia. Os tipos de moradia são os mais diversos possíveis, desde a mais singela cabana até os grandes casarões e palácios. Temos de ir a pé, pois os caminhos são irregulares; de vez em quando, chegamos a um pequeno vale fértil onde existe uma aldeia cuja povoação é constituída de gente amável e tranqüila. As pessoas têm o semblante franco e sempre nos convidam para tomar uma bebida refrescante. Nós lhes contamos sobre a nossa viagem, e elas ouvem com interesse. Somos convidados a permanecer por algum tempo com elas.

Aqui os homens agem de forma intuitiva e têm grandes olhos sonhadores. Eles se observam curiosamente, porém com amor. Dá para perceber que se locomovem prazerosamente nessa região escarpada; muitos deles já escalaram os cumes mais altos e se oferecem para nos guiar, além de nos dar sugestões sobre o que levar para a jornada.

Quando um dos alpinistas cai, os outros participam solidariamente do seu destino e tentam ajudá-lo. Num dos castelos mora um filósofo. Seu ensinamento é o amor, e ele incita as pessoas a expressar a intensidade dos seus sentimentos. Ele já está no quarto casamento e tem uma porção de filhos; todavia, mantém um ótimo relacionamento com todas as esposas. Essas pessoas estão convencidas de que é melhor viver em paz com todos do que fazer a guerra. No entanto, nesse país cada pessoa tem personalidade própria. Todas contam com entusiasmo suas novas idéias e descobertas, que passam a servir ao meio ambiente. Ou então contam sobre seu novo grande amor.

Mas também podemos ver que muitas vezes elas não conseguem realizar seus sonhos. Algumas pessoas usam drogas a fim de manter a ilusão, ou então se fecham em casa. Também já aconteceu de algumas delas se jogarem do alto dos rochedos. Elas estão em busca da perfeição e fracassam devido à sua própria instabilidade. Elas adoram outra pessoa e se esquecem de que ainda não é possível viver a perfeição.

As demais aprendem com esses exemplos e tentam conseguir a fusão do Eu com o Si-mesmo, do Eu com o divino. De tempos em tempos, fazem uma viagem para recolher novos conhecimentos. Elas se aventuram a escalar montanhas cujos caminhos nem sequer existem, a fim de alcançar mais clareza, mais liberdade e uma visão mais ampla das coisas. Surgem então novos povoados onde pessoas com idéias afins se reúnem. Estas falam sobre o passado e sorriem, pois descobriram uma forma nova, mais livre, de viver.

Quinto chakra

No quinto chakra atingimos um plano mais sutil, mais consciente do Ser. Trata-se inclusive do centro da comunicação libertadora, esclarecedora, bem como da orientação das forças do espírito. Sua sede fica na sétima vértebra cervical e na primeira vértebra peitoral, e irradia sua energia, de trás para a frente, para dentro da laringe.

Seu desenvolvimento se dá entre 28 e 35 anos de vida. Trata-se do período de estabilização. As experiências e o conhecimento obtido podem ser usados com sucesso. A troca com o companheiro recebe uma nova valorização: a possibilidade de reconhecer velhos padrões. A percepção consciente e a reflexão são possíveis a partir das profundezas do espírito, adquirindo-se também confiança no Tu. O significado de cada trabalho aumenta de importância.

Todavia, agora começa uma nova jornada, a busca pelo significado. O Eu está ajustado a ponto de poder se questionar. O ser humano começa a elaborar as experiências do passado. Ele está seguro e percebe o mecanismo dos pais atuando nele. Se recusar a responsabilidade pessoal, os outros recebem a culpa, e o desenvolvimento dele fica estagnado.

A busca pelo significado ou pelo sentido da vida segue as pegadas do Si-mesmo, do Eu transpessoal. O ser humano descobre o sofrimento interior. Muitas vezes, lamentavelmente, a linguagem aprendida já não basta, e a forma de expressão se torna plástica. Metáforas, poesias, símbolos são os novos meios de comunicação. Trata-se de um tempo de luta, de estabelecimento da personalidade e de transformação no plano do Si-mesmo. Este é um período de purificação e de esclarecimento.

Com freqüência isso também se torna visível exteriormente. Se o parceiro não estiver disposto a acompanhar nos novos caminhos aquele que busca um amor mais abrangente, embora seja o caminho do Ser diferenciado, ele fica para trás. São descobertos novos grupos de interesse e novas formas de vida, que modificam as normas do passado. A máscara da persona vai caindo aos poucos, dando lugar ao verdadeiro rosto. O homem descobre que está no palco da vida, reconhece seu papel e se familiariza com os colegas de trabalho. Ele começa a compreender que só *ele* pode decidir se quer continuar representando esse papel, se prefere ficar assistindo ao espetáculo da vida ou se quer ser autêntico.

Com freqüência, isso pode ser visto no mundo exterior. São possíveis separações e novas descobertas, havendo paralelos com respeito à sexualidade. Esgota-se tudo o que é conhecido, que perdeu o interesse, e buscam-se novas experiências. Os homens começam a procurar a ternura, as mulheres descobrem sua verdadeira sexualidade e vão ao encontro dos homens. O homem descobre sua anima e se abre para um mundo de sentimentos mais profundos. A mulher libera o seu animus e torna-se a verdadeira companheira do homem. O Si-mesmo se entrega ao outro e se funde com ele, formando uma unidade. A confiança e o apoio mútuos se tornam naturais. Quando se alcança esse nível, o homem é fiel a si mesmo e à sua companheira.

Quando há perturbações nesse âmbito de desenvolvimento, encontramos os apaixonados por si mesmos; os narcisistas; pessoas ofuscadas pela aparência exterior; pessoas que vegetam na superficialidade da vida, apresentando uma fachada vazia. Elas adoram a juventude, por não terem a verdadeira qualidade na vida. No plano do corpo, começa a aparecer a rigidez do pescoço, contrações na laringe, resfriados e perturbações da vesícula. Muitas vezes a pessoa range os dentes e fecha os ouvidos. Como se trata do âmbito da purificação, há problemas até mesmo de metabolismo. É aqui que ocorrem os estados depressivos que chegam até a esquizofrenia.

Como as pessoas nesta fase de desenvolvimento têm a coragem de reconhecer a si mesmas, de esquecer os velhos padrões, elas também se afastam das outras pessoas que tentam manter os velhos hábitos do seu ego. Elas preferem viver sozinhas a assumir compromissos. A meditação e a contemplação levam a novos conhecimentos, a conhecimentos próprios. O desapego da presunção de *ser* um corpo ou um sentimento lhes dá uma nova liberdade. Aqui podemos citar Assagioli, o fundador da psicossíntese, que disse: "Eu não sou o meu corpo, eu *tenho* um corpo. Eu não sou o meu sentimento, eu *tenho* sentimentos..." A teia de justificativa do ego, as explicações para a raiva, para a agressividade ou para os comportamentos passivos é rompida pela reflexão. O homem reconhece: "O que afirmo sobre você é uma verdade a meu respeito." Ele sabe que o julgamento que faz dos outros não passa de uma avaliação sobre si mesmo. A linguagem começa a se tornar clara, os sentimentos são verbalizados. A afirmação "eu não posso" inclui a constatação de que "eu não quero".

A pessoa que faz auto-análise descobre as pistas deixadas pelo Ser. Como se desfaz das máscaras do antigo ego, tem de tomar constantemente novas decisões. É assim que ele cura as feridas da alma. Sua armadura espiritual é a fidelidade ao seu cerne divino. A tendência essencial é o abalo, a sacudidela, o estado de alerta. Pretende-se obter clareza, descobrir uma nova forma de expressão. Os componentes para isso são: massa, movimento, interação e modelo, ou seja, 1 + 2 + 3 + 4 = 5. A solução é a comunicação.

Visualização do quinto chakra

Um dos guias nos levou para cima por um caminho facilmente reconhecível. Ele acha que, se quisermos subir mais, teremos de ir sozinhos. Poucos chegaram a essa altura; alguns voltaram antes. Estamos diante de subidas íngremes, e os caminhos mal podem ser reconhecidos. Agora depende de cada um descobrir a trilha e tomar novas decisões sobre se de fato quer ou não continuar a escalada.

A luz que banha o cimo das montanhas parece atraente; no entanto, o rochedo é duro. Justamente quando você se propõe a percorrer um trecho íngreme, cai uma tempestade. Você tem de decidir se segue em frente, com a esperança e a certeza de encontrar um abrigo na rocha, ou se volta ao caminho mais seguro.

Depois de algum tempo, você começa a compreender que nessa região você é continuamente obrigado a tomar decisões. Sempre que acredita ter finalmente alcançado o cume, você percebe que por trás há outro ainda mais alto. E que antes de atingi-lo ainda terá de atravessar um vale que só pode ser alcançado trilhando caminhos muito estreitos. Você nem imagina o que o aguarda no cume mais alto. De repente, você encontra um outro viajante que construiu uma cabana para si num plano elevado. Ele lhe dá água fresca para beber. Em meio à grama da montanha sombria, ele havia assado um pão e o divide com você. Vocês ficam juntos durante certo tempo e ele lhe conta sobre os maravilhosos ocasos, sobre as tempestades assustadoras, mas fascinantes graças à fúria dos elementos.

Talvez algum amigo tenha acompanhado você até esse ponto. Agora vocês são três, vivem uma época bastante rica, de valor inestimável, e conversam muito até reconhecer que as palavras já não bastam para descrever suas experiências. Vocês nutrem um desejo de descobrir mais acerca da amplidão e da grandeza desse mundo, para depois, quem sabe, transmitir esse conhecimento às pessoas lá do vale. No entanto, o principal motivo que os impulsiona é o de saciar a fome de experiência. Certo dia, você se decide a continuar o caminho. Talvez um dos seus amigos o acompanhe. Mas pouco lhe importa se tiver de ir sozinho. Você sabe que irá.

Você já superou o medo dos abismos, pois sabe que eles surgem e você os transpõe porque tem confiança. Você sabe que dispõe de uma força interior que o ajuda e que o guia. Em algum ponto você encontrará um novo amigo, olhará para os seus olhos brilhantes e saberá que ele está perseguindo o mesmo ideal que você. Talvez ele também tenha uma cabana onde você possa descansar um pouco.

Você fará várias pequenas excursões pelas redondezas e também irá explorar terrenos mais distantes. A cada dia são exigidas de você novas decisões que põem à prova a sua autoconfiança, a avaliação do próprio valor e a clareza de objetivos.

Se um corre perigo, o outro percebe e vai ajudar. Desenvolve-se uma ligação quase telepática entre vocês – e uma nova língua, pois meras palavras já não bastam para reproduzir experiências e intenções. Usa-se poesia, parábolas e símbolos.

Todos os vales e alturas percorridos, as encostas suaves e os muros das cidades perdem cada vez mais o significado. E a segurança que se procurava antes neles mal pode ser compreendida se comparada com a confiança em si mesmo que agora foi conquistada.

Sexto chakra

O ser humano entra no plano da luz. O que é exterior perde a importância; a busca por reconhecimento e fama parece absurda. Os homens começam a brilhar, pois têm intuições perceptivas e, conseqüentemente, uma nova compreensão que se estende muito além das fronteiras do conhecimento apreendido. Dá-se a abertura do terceiro olho, do olho espiritual. Sua energia irradia-se da frente, entre a base do nariz e o centro da testa.

O desenvolvimento dessa fase ocorre entre 35 e 42 anos de idade. É o período em que o homem começa a refletir sobre o essencial e sobre como pode realizá-lo. O Eu se liberta da ilusão da automotivação. A transcendência do Si-mesmo e sua consciência de ser um com Deus ganha espaço. Para os homens, ela se apresenta como um amor todo abrangente. Não há nada que possa atingi-lo, pois em cada procedimento e em cada ser humano ele reconhece um dos seus aspectos.

É nesse silêncio que encontramos as pessoas com dotes mediúnicos. O princípio feminino e masculino, o Yin e o Yang, se fundem numa unidade. Os olhos dessas pessoas brilham, embora muitas vezes estejam voltadas para dentro. Seu conhecimento é obtido através da visão interior. A transcendência do Eu se efetivou; há união entre o Si-mesmo e Tudo o que existe.

Com freqüência, essas pessoas se tornam incômodas para as outras, pois parecem penetrar, ver além dos seres humanos. Elas não conhecem o que é compaixão ou falsa compreensão. "Se quiser ir, vá! Pare de falar comigo sobre isso." O Si-mesmo autônomo não tem compromissos, pois sabe que estes são prejudiciais.

Aqui a linguagem encontrou uma nova forma: a dos símbolos. Os símbolos são a linguagem da alma.

Se desde o início este plano for perturbado, acabam surgindo as formas de esquizofrenia. As pessoas captam as coisas (tudo é *um*) e não conseguem organizá-las; a energia é muito "quente". Em outros casos, lidamos com dores de cabeça, com cegueira física e espiritual, com pesadelos, com pressão ocular, com dupla visão ou com nevralgias do trigêmio. Como há falta de visão geral, essas pessoas sofrem de tensões, de medo e de excesso de preocupação. Além disso, tendem a negar todos os aspectos luminosos da vida, predispondo-se às vezes ao niilismo, ao fracasso no campo da moral.

Se for possível viver tranqüilamente essa etapa do desenvolvimento, dá-se a elevação do princípio feminino e masculino. O dualismo cede lugar ao conhecimento do Ser-um. O homem entende que é uma célula do todo.

Também no plano da sexualidade o Si-mesmo encontra o Si-mesmo e se funde numa unidade. São indicadas as brincadeiras. A religião e a sexualidade se unem provocando o êxtase. A entrega amorosa, conjugada com a alegria, leva à plenitude e à realização.

É no plano da severidade que o verdadeiro amor se torna possível. O Si-mesmo divino se encontra com outro Si-mesmo divino. As fronteiras são eliminadas.

As pedras que obstruíam o caminho do ego desaparecem; as provas só existem para afirmar o conhecimento interior. O ser humano pode rir e está finalmente livre: iluminações acontecem todos os dias, e ele as capta. É nesse plano que encontramos as pessoas dedicadas à cura e as que trabalham com a luz, pessoas que há bastante tempo ultrapassaram o seu ego e estão a serviço deste mundo e da humanidade: uma exigência do tempo. Sua tarefa está ligada à imaginação e à lida consciente e responsável com as energias. Essas pessoas caracterizam-se pela sua espiritualidade, pois estão em contato com o mundo espiritual. Elas conhecem os perigos das diferentes forças e do seu potencial de sedução. A mediunidade as ajuda a reconhecer esse fato.

Visualização do sexto chakra

Em certa ocasião, você se pôs a caminhar sozinho. Seu amigo lhe disse que no momento não podia acompanhá-lo. Você não sabe ao certo por quanto tempo ainda terá de peregrinar até chegar ao cume da montanha. Os picos elevados e os grotões são enormes; você sente tonturas e tem de descobrir um novo caminho. Não há placas indicativas, nem trilhas; muitas vezes você se vê diante de um muro aparentemente intransponível, no momento em que acreditava ter chegado à meta.

Mas então se abre diante de você a infinita amplidão do céu azul-anil. Uma brisa suave passa por você na encosta iluminada, como se quisesse acariciá-lo, como se quisesse recompensá-lo. Um jogo fascinante de luz, de sombras e de cores que formam sinfonias que depois se desfazem o mantém preso ao espetáculo. Você olha deslumbrado. A luz brilhante que se reproduz com todas as cores do arco-íris nos flocos de neve o leva para dentro do reino da harmonia por meio de uma ponte iluminada.

Por alguns momentos, você perde totalmente a noção de tempo e de espaço, e mata a sede da sua alma com essa verdade do Ser. Agora você entende por que fez todo o esforço. Percebe que cada cristal faz parte de você, bem como cada árvore, cada pássaro deste mundo. Você compreende que até o mais minúsculo dos seus irmãos reflete uma parte de você. Subitamente, você percebe que a vida tem um significado. Há um riso contido dentro de você – talvez você até possa expressá-lo. Você se libertou, achou o seu Si-mesmo!

Sétimo chakra

O chakra coronário se apresenta como um lótus de mil pétalas. Sua sede é o ponto mais alto da cabeça. Ele recebe energia do alto e a irradia em forma de leque para baixo. Na meditação, essa energia passa pela hipófise, chega até a epífise e percorre o canal da coluna espinhal; nesse trajeto, ela toca a força essencial de cada um dos chakras.

Seu desenvolvimento ocorre entre os 42 e os 49 anos. Todos os processos importantes de desenvolvimento estão encerrados. Agora trata-se de compreender e de confiar nas leis cósmicas e no princípio divino. Até aqui, a vida e a sua realidade só foram vividas como uma dualidade. No momento da grande iluminação, o Si-mesmo sai do seu isolamento e se une à consciência divina. Cessa qualquer separatividade. Trata-se, ao mesmo tempo, de uma morte e de um renascimento.

O corpo, o espírito e a alma se unem na harmonia, ou seja, em todos os planos, constituindo um todo espiritual. As pessoas que chegam a esse estágio começam a levar sua tarefa social a sério. Elas reconhecem que, enquanto houver um único ser humano aprisionado neste mundo, elas não poderão ser livres. O filho se torna outra vez *um* com a mãe Terra. Essas pessoas são ativas e estão a serviço da humanidade e do amor. A irradiação que as envolve permite que as reconheçamos; contudo, elas são modestas e realizam seu trabalho em silêncio.

Perturbações deste chakra se manifestam como inatividade ou hiperatividade, na maioria das vezes sem grande eficiência. Os devaneios estão na ordem do dia. Essas pessoas imaginam que são alguém especial e não conseguem realizar nada. Quando forem velhas, podem sofrer algum tipo de deterioração do cérebro.

Nessa altura, a sexualidade se transforma, na maioria das vezes em fusão com o princípio divino. "Meu amor a Deus é o mesmo amor que sinto por você e o meu amor por mim mesmo, pois somos inseparáveis!"

Portanto, aqui não há mais lugar para a luta, pois o objetivo foi alcançado; contudo, ainda existe atividade consciente. Os conceitos mais importantes, por certo, são o da consciência e o da transcendência. As pessoas que atingiram esse nível são alegres, energicas, espiritualizadas e conscientes. O que se dedica à cura reconhece os motivos subjacentes à doença dos seus pacientes e pode verbalizá-los (quinto chakra). Mas as revelações estão fora do alcance da compreensão normal; portanto, têm de ser transmitidas em forma de símbolos ou por parábolas.

Aqui se trata, portanto, da consciência superior. Podemos sintetizá-la: massa, movimentação, interação, padrão, vibração e luz, e o resultado dá a percepção do Ser consciente, ou seja, 1 + 2 + 3 + 4 + 5 + 6 = 7.

Visualização do sétimo chakra

De repente, você percebe que não importa para onde você está indo. De repente, você sabe que pode ir para onde quiser, pode andar por toda parte, pois estará unido a tudo o mais que existe, mesmo que fique concentrado e em repouso. E terá a certeza de que está protegido nesse infinito. Você sabe que pode encerrar a busca pelo Si-mesmo, pois agora compreende que é parte de um Si-mesmo ainda maior.

Você pode alcançar os picos mais altos das montanhas; entretanto, neles não encontrará santos, mas só buscadores, como você já foi. Subitamente, você compreende por que os homens constroem templos e igrejas: eles querem se lembrar de que existe algo muito maior do que eles mesmos.

Você desce da montanha e atravessa com facilidade as encostas íngremes. No caminho, encontra muitas pessoas e amigos subindo para alcançar o topo. Seus olhos radiantes dão-lhes a coragem necessária para continuar o difícil caminho de ascensão. Você sabe que eles mesmos têm de fazer a experiência, para que possam ficar livres do próprio peso e da separação do verdadeiro amor infinito.

Você volta aos vales e às regiões já percorridas, a fim de estender as mãos aos que precisam de ajuda ou para lhes dizer uma palavra de salvação. Já não percebe mais diferenças entre eles e você e tem a certeza de que pode amar cada um deles da mesma forma que ama a Deus. Você reconhece que todos têm o direito de cometer os mesmos erros que já cometeu e ainda cometerá, pois todos pertencem a essa harmonia infinita. Você sabe que o conhecimento é uma bênção e que fará tudo para ajudá-los nesse sentido.

O Si-mesmo

O Si-mesmo nunca pode ser usado para fazer uma avaliação, porque ele não vive na terceira, e sim na quarta dimensão, onde o tempo deixa de ser linear para se tornar global. Em todos os níveis, o desenvolvimento acontece simultaneamente. Portanto, é possível, a qualquer momento, ou seja, em qualquer nível de evolução, chegar à iluminação. Afinal, somos parte do Si-mesmo e, assim sendo, temos acesso a *todas* as experiências que existem. Mas como todos os processos de aprendizado têm de ser verdadeiramente entendidos e integrados, a persona – o Eu – está sujeita à lei da matéria e, portanto, ao tempo.

O Si-mesmo se desenvolve permanentemente e se aperfeiçoa, pois deseja ser cada vez mais claro e luminoso. No desenrolar desse processo de aprendizado, ele passa por oito etapas de desenvolvimento que se subdividem em outros tantos estágios com as mesmas qualidades essenciais. As diferenças acontecem devido ao tipo de energia usada em cada fase.

O Si-mesmo se subdivide em oito etapas e em oito subdivisões, ou seja, 8 x 8 = 64, embora conheçamos apenas sete, do ponto de vista da teoria dos chakras. A oitava etapa é dedicada à reflexão e ao descanso. As informações têm de ser digeridas para que sejam interiorizadas e se integrem à personalidade.

Do ponto de vista da teoria dos chakras adaptada à vida, a oitava fase sempre é um pouco mais curta e, na maioria das vezes, se apresenta como uma prova. Enquanto dura essa fase, o homem põe um ponto final no velho sistema e toma conhecimento do novo. Isso pode levar a vida toda, embora talvez leve apenas sete anos.

IX. Meditação

Eu sou um ser divino, e a minha pátria é o Sol.
Eu me livro das minhas correntes e me ponho a caminho,
saindo da escuridão para a luz.
Sei que tenho de atravessar o lodaçal,
sei que tenho de nadar atravessando rios
e sei que tenho de percorrer caminhos sem trilhas.
Mas eu também sei que posso chegar a qualquer momento.
Sei que terei de abandonar todas as vestes,
máscaras e disfarces pelo caminho
e sei que no final estarei nu.
E, assim, saberei por que vivo.

10. O caminho da cura

O caminho da cura é o caminho espiritual. O caminho espiritual é uma estrada de luz. O caminho dos homens vai da matéria bruta para a matéria sutil, levando-os da inconsciência para a consciência, do Eu para o desapego do Eu; é o caminho da persona rumo à transcendência, um caminho que leva da desarmonia para a harmonia.

O homem se desenvolve da inconsciência para a compreensão do Si-mesmo divino, o que também ocorre com a unidade da alma e do espírito. Tudo o que você fizer na vida para alcançar o seu desenvolvimento, você fará também para e com a unidade superior, à qual pertence o seu Si-mesmo divino.

Se você acha que basta continuar se desenvolvendo racionalmente para alcançar planos superiores, você verá que terá de contar com limitações. Talvez você tenha a impressão de que descobriu a verdadeira sabedoria; contudo, o conhecimento tem contornos tão amplos quanto alcança a sua razão. Em comparação com tudo o que existe, sua razão é infinitamente pequena. Por isso torna-se impossível chegar dessa maneira aos recessos mais íntimos do seu ser.

Para curar as feridas da alma é necessário cuidar da alma. Se o espírito está irritado, é preciso tornar a acalmá-lo. Se o cérebro adoece, ele terá de ser posto em ordem outra vez, antes de buscar a causa da doença nas camadas mais profundas do Ser.

O neurologista pode constatar, com a ajuda de uma porção de

diferentes aparelhos e por meio de muitas avaliações, em que lugar os nervos estão doentes. O psicólogo tem a possibilidade de pesquisar os diversos aspectos de um espírito irritado. O psicoterapeuta cuida da alma e consegue atingi-la a seu modo. Mas cada um desses profissionais necessita de uma aparelhagem específica ou de outros procedimentos médicos.

O medo ou a depressão são moléstias da alma, e só através dela podem ser curados. A insegurança, a falta de valorização pessoal também pertencem ao plano da alma e, portanto, de nada adianta saber por que esses sentimentos existem, pois eles permanecem vivos.

Contudo, se você se sente irritado e perdeu o caminho, a orientação, e se não tiver no seu íntimo nenhuma informação sobre o caminho mais correto e mais amplo, terá de permitir que o plano espiritual receba mais esclarecimentos.

Quer se trate do espírito, quer se trate da alma, é sempre necessário descobrir a forma correta de compreensão. Como há uma correlação muito estreita entre o espírito e a alma, em geral as perturbações atingem ambos os planos. Se, por exemplo, um deles se destaca em demasia, digamos, o espírito, a alma ficará prejudicada, e ambos deixam de estar em equilíbrio. Um desequilíbrio nesse caso significa sempre uma perturbação no fluxo de energia. Quando a energia não consegue fluir livremente e não pode se expressar harmoniosamente, essa perturbação se manifesta como um distúrbio físico ou uma confusão sentimental. Para poder curá-los é preciso compreender a informação que se recebe e tratar o local da ferida.

A linguagem dos símbolos

A linguagem do homem interior – quer a do Si-mesmo superior, quer do divino ou do subconsciente, o arquivo arquetípico em nós – sempre é a linguagem dos símbolos. A linguagem da razão sempre é a do corpo, a do ser humano exterior que se introverteu mais ou menos e, por isso, está mais ou menos em contato com o seu Ser interior ou superior.

O tesouro de experiências ou de conhecimento limita-se àquilo que o homem aprendeu e ao que o Ser interior elaborou até o momento. Como durante o processo de aprendizado do Si-mesmo esse tesouro é infinitamente maior, devido às várias partes da personalidade, devemos nos esforçar para entrar em contato com ele e usá-lo bem. Por um lado, isso ajuda a evitar erros; por outro, permite que vivamos melhor a grande liberdade contida na verdadeira sabedoria. Como não é possível atingir os planos interiores por meio da inteligência racional, precisamos dos símbolos que nos ajudam nessa tarefa. Usar o símbolo correto e conhecer o seu significado é, portanto, um dos pressupostos naturais para a compreensão.

Se o terapeuta cometer o erro de reduzir o homem à sua materialidade, ele jamais conseguirá atingir os planos elevados da sua personalidade e ficará limitado, por assim dizer, ao âmbito essencial da sua estrutura animalesca. Isso provoca desde o início uma dificuldade de compreensão dentro da totalidade do ser humano, e apenas uma solução parcial é possível. O verdadeiro Ser do homem é o seu Si-mesmo bondoso, e é este que deve receber a comunicação do terapeuta.

Assim como nos sonhos sabedoria e ajuda são transmitidas em três linguagens diferentes, ou seja, em três níveis, esses símbolos estão à nossa disposição também na sua forma diferenciada: os símbolos arquetípicos, pertencentes aos homens e que conhecemos na vida diária, os do espírito e os da alma.

Através da meditação, você pode ter acesso a essa linguagem interior. Ao fazer exercícios de relaxamento, muitas vezes velhas informações vêm à tona de maneira espontânea, como, por exemplo, as relativas a encarnações anteriores. Exercícios respiratórios reabrem velhas feridas que impedem os homens de atingir a própria divindade. O subconsciente usa como símbolos as velhas características que continuam a atuar na vida dos homens, pois a energia foi bloqueada, a afirmação foi entendida e o processo de aprendizado ainda não está encerrado.

O caminho para a cura também é aquele que leva à totalidade, para o ‘‘ficar-curado’’. Não importa onde estejam situadas as feridas, se no corpo, na alma ou no espírito: elas sempre implicam perturbação da totalidade.

Algo que está no exterior ainda não foi integrado, ou seja, ainda não foi compreendido. Assim, o Eu continua preso à dualidade. A conseqüência lógica é o fato de o estranho ser captado como estranho e avaliado primeiramente com desconfiança. Só quando se transforma em amigo e, portanto, quando se torna conhecido, é que ele tem a possibilidade de ser integrado e aceito. Como todos os processos da nossa vida sempre têm algo a ver conosco, precisamos nos encontrar com o que vem de fora e temos de nos aproximar do outro de modo franco para que possa tornar-se nosso amigo.

A partir do momento em que ele for eliminado como fator de perturbação e integrado ao sistema como amigo, a ferida pode sarar. Para tanto, é necessária a linguagem correta, os símbolos correspondentes. Assim que o símbolo é reconhecido pelo plano interior e assim que passa a atuar de forma corretiva e curativa sobre a ferida, ele perde o poder de nos magoar no futuro. A ferida pode cicatrizar, a cicatriz pode ser removida e o homem passa a se comportar, daí em diante, de modo que não venha mais a ter esse ferimento.

Decida o que deseja aperfeiçoar na sua vida

Na vida nos expressamos de várias maneiras, pois a vida também nos apresenta várias facetas. É relativamente fácil reconhecer com exatidão onde nossas forças são mais bem aproveitadas, ou seja, em que âmbito do nosso Ser nos sentimos subitamente muito melhor.

Se você é mais orientado no sentido prático, portanto se dá mais valor à segurança, seus pontos de gravidade estão de preferência no âmbito físico, no emocional e no intelectual lógico. O Eu se empenha em estabelecê-los. Todas as respostas de fora são entendidas por você a partir desses valores e, conseqüentemente, todas as tarefas e dificuldades se apresentam de forma concreta, material, emocional ou agressiva. O Eu luta com o mundo e por isso vive como o centro dos interesses.

Se você quiser mudar esse estado das coisas, terá de desviar sua atenção para fora de si mesmo. Desse modo, você incluirá o mundo e os acontecimentos na sua vida para, em seguida, tentar compreendê-los. Mas, antes de mais nada, terá de deixar de lutar; enquanto se encontrar na posição de oponente, estará na dualidade e, assim, na sua própria cisão. Se deseja melhorar a compreensão espiritual e entender melhor os inter-relacionamentos superiores, terá de redirecionar seus pensamentos para a posição de observador a fim de aprender algo com o mundo.

Se você estiver mais interessado no aperfeiçoamento das qualidades anímicas, terá de se tornar sensivelmente mais aberto aos acontecimentos do mundo, da natureza e do cosmo. Se, ao contrário, você negligenciar o seu corpo esperando dele coisas impossíveis, submetendo-o ao que não é natural, você o estará obrigando a aceitar o artificial a ponto de ele mal poder respirar. Você deixa de notar que o corpo precisa de carinho, de movimentação e de oxigênio, e, mesmo que você queira alcançar estágios superiores do Ser, o corpo o trará sempre de volta ao âmbito da matéria, pois ele tem uma deficiência, não se sente amado e não recebe atenção.

A linguagem do corpo

Através da linguagem do corpo é possível descobrir muitas coisas sobre nós mesmos. Os sintomas que observamos com tanta clareza nos outros naturalmente são válidos para todos os homens e, conseqüentemente, também para você. Por conseguinte, não avalie os outros, mas tome conhecimento dos sinais e aprenda a lição.

Se, por exemplo, alguém lhe disser que só joga limpo, com as cartas na mesa, e que você pode confiar na palavra dada, mas enquanto fala essa pessoa mal olha para você, isso deve servir de advertência: trata-se de um sinal. Agora, imagine que isso de fato está ocorrendo. Como se sente? Acaso tem a impressão de que essa pessoa está mesmo falando com você? Você acha que ela está se referindo à sua pessoa? É bem pouco provável. Ela está fazendo um jogo; está tentando desviar a atenção do que diz. Os olhos, espelho da alma, não conseguem confirmar as palavras ditas e por isso ela não consegue encará-lo.

Pessoas que estão acostumadas a manipular as outras conhecem esse fato e, por isso, encaram o interlocutor com grandes olhos inocentes; contudo, seus ombros se curvam para a frente. E a franqueza tem sede na parte superior dos pulmões. Convém fazer essa pessoa discorrer um pouco mais sobre a vida dela. Você perceberá que ela atribui às outras pessoas a culpa pelos seus fracassos. Ela tenta convencê-lo de que é franca através de sorrisos e adulação.

O mesmo acontece com a linguagem das mãos. Se quem estiver diante de você cruzar os braços, provavelmente está na sua presença apenas com o cérebro, porém não emocionalmente, pois se retrai. Conseqüentemente, só lhe dedica parte da sua franqueza. Se, por exemplo, ela começar a limpar algo imaginário da mesa (as migalhas que já estavam ali desde o início da conversa), significa que no momento ela está exatamente ''limpando'' o que disse, por assim dizer. Seu subconsciente ou sua alma gostariam de se livrar desse assunto desagradável.

Prisão de ventre, gibosidades, posturas encurvadas ou distúrbios nos vasos periféricos do coração nos levam à conclusão de que os portadores desses males não expressam abertamente o que sentem ou o que pensam.

A franqueza não visa somente os outros; em primeira linha, ela atinge a própria pessoa, que não se atreve a ser franca. A franqueza nada tem que ver com o uso da língua. Uma pessoa tagarela nem sempre é franca, e nem sempre é sincero aquele que tem uma postura exageradamente ereta. Nisso podemos ver uma demonstração do ego. Pessoas tranqüilas, de olhar suave, postura correta e fala clara representam muito melhor a franqueza e, na maioria das vezes, são confiáveis. Nesse caso, elas têm uma qualidade que o ser humano atribulado e direcionado para o Eu na maioria das vezes não tem: a doação, pois tentam de fato ajudar o outro. Essa qualidade de alma faz com que a pessoa ande ereta e encare o mundo com um olhar tranqüilo.

Observe-se e veja que ninguém é de fato totalmente franco durante o tempo todo. Todos temos as nossas inibições e bloqueios. Mas por quê? Tente ao menos uma vez ser totalmente franco e expor aquilo que há tempo gostaria de dizer ou deveria ter dito. É interessante fazer esse tipo de auto-análise. Você descobrirá muitas coisas acerca de si mesmo.

A constituição física, a postura do corpo e seus movimentos e, conseqüentemente, a forma de expressão demonstram o seu estado emocional. Dá-se, a partir do exterior, o nome de "caráter" ou estilo de personalidade ao plano psíquico que se torna visível. Se, por exemplo, você se nega a fazer determinadas coisas ou a se adaptar à opinião alheia, essa atitude se refletirá no pescoço e nos ombros rígidos ou tensos. Se você acha que deve impor sua personalidade, muitas vezes o distúrbio se mostra também na região da cerviz, na base do crânio, no pescoço e nas costas.

O medo que é reprimido no íntimo se manifesta através do intestino, principalmente nos músculos do ânus, onde se formam hemorróidas. A bexiga e a próstata também são atingidas e é comum aparecerem perturbações no pâncreas, pois se trata de órgãos ligados ao plano do poder (disfunção da colesterina). Na maioria das vezes, essas pessoas têm os ombros erguidos e, com bastante freqüência, forma-se um "bolo" na garganta quando têm de falar alguma coisa.

Raiva, medo, excitação sexual sempre se manifestam por meio da tensão em local facilmente perceptível. Se o impulso sexual só puder ser atendido parcialmente, a tensão se manifesta através da contração na região da bacia e na parte inferior da coluna. Raiva reprimida ataca o estômago, o intestino e o fígado. Se essa raiva não for extravasada em algum momento, poderá ocorrer um câncer.

Pessoas falicamente narcisistas têm contrações que se manifestam através dos gestos, por meio das mãos, dos antebraços, das pernas ou da cabeça.

O histérico, ao contrário, sofre de contrações musculares superficiais, como o típico "bloqueio" em cadeia, o *globus hystericus* e a incontinência urinária.

Os neuróticos, tão comuns nos dias de hoje, submetem o tônus muscular natural do organismo à pressão; como, por exemplo, no movimento harmonioso do trato estomacal e intestinal e de toda a musculatura lisa (traquéia, esôfago, uretra, veias), o que facilita o endurecimento dos tecidos. Esse enrijecimento impede a desintoxicação geral do corpo, especialmente a troca de nutrição e de sangue, que acontece parcialmente, pois a linfa pára de funcionar. Por isso, a postura interior influencia o estado do corpo.

O masoquista, ao contrário, mostra um bloqueio muscular, pois ele se controla. Nesses casos, notamos as barrigas da perna grossas, os braços contraídos e as tensões do baixo-ventre.

Os esquizóides em geral demonstram ter um bloqueio no comportamento, tornando-se insípidos, pois seu mundo sentimental é mal extravasado. A partir de si próprios não sentem nada e, portanto, não conseguem entrar em contato com o meio ambiente; eles aprendem a fazer isso com a razão.

Nosso corpo, nosso amigo

Convém você tratar do seu corpo como se ele fosse o seu melhor amigo – ele lhe agradecerá.

Dê-lhe energia e o fará feliz. Matéria é espírito solidificado, e o seu corpo é a expressão dos seus pensamentos. Se os seus pensamentos forem corretos e claros, o corpo também poderá ser correto e claro. Se lidar com o corpo de forma cuidadosa e com atenção, os tecidos receberão o grau necessário de tensão e a sua pele será lisa. Cuide para que os seus membros conservem a elasticidade e para que os músculos e tendões continuem flexíveis. Assim, seu corpo o ajudará a reagir descontraidamente em situações difíceis.

O corpo é o instrumento que você tem para esta vida; ele é o veículo para o seu espírito. Cuide dele com amor, dê-lhe toda a atenção de que precisa para que se recupere depressa, caso adoeça. Cuide para que a energia flua harmoniosamente por todo o seu corpo. O Eu se sente reconhecido quando percebe que se confia nele. Quando estiver deprimido e achar que chegou ao fundo do poço, se você gostar do seu corpo será mais fácil recuperar a harmonia.

Em vez de se exceder bebendo vinho ou cerveja, vá praticar *jogging.* Cuide do corpo com os óleos etéricos e permita que ele descanse ouvindo boa música para meditação, se quiser que os tecidos e músculos mantenham uma tensão saudável. Desintoxique-o do mesmo modo como costuma purificar o espírito, e com o tempo poderá até se livrar das cicatrizes do passado. Nutra o corpo com alimentos adequados que lhe dêem força e o estimulem, e não com alimentos excitantes ou que provoquem cansaço nos músculos. Não me refiro aqui à vaidade exagerada ou ao culto desmedido do físico. Falo num meio-termo ideal. Seu corpo é o templo para a unidade da alma e do espírito.

Nos meus seminários, minha amiga Maruschi Magyarosy, autora de vários livros sobre orientação religiosa para a nossa época e professora de ioga, é quem fala sobre o aspecto corporal. Eis o que ela diz: "Considere o seu corpo como o templo da sua divindade."

Acho que nada tenho a acrescentar a essas palavras.

A qualidade da alma

Se você ficar avaliando a vida que teve até agora com base nos seus fracassos, terá a impressão de que precisou lutar arduamente por tudo o que tem, e isso deixa a sua alma triste. Mas se, em vez disso, você tomar conhecimento das belezas que a Terra oferece, saudará o dia com alegria e aceitação, pois sabe que tem a oportunidade de viver grandes alegrias. Caso se posicione do lado dos que só querem usufruir, viverá sempre à espera de alguma coisa, como uma criança, e se esquecerá de dar, o que interromperá o fluxo da energia do amor. Se der alguma coisa ao seu parceiro apenas visando obter algo em troca, você viverá a qualidade da sua alma num nível muito baixo. Nesse caso, de nada adianta fingir ser honesto e verdadeiro – o resultado é igual à sua contribuição: triste.

Sua alma quer viver na liberdade e na beleza que extrairá das profundezas do Ser. Tudo o que é superficial é como o movimento do seu dedo mínimo. Você só encontrará a plenitude quando se entregar inteira e honestamente. A qualidade da alma poderá se desenvolver se você deixar que ela aprofunde os seus sentimentos, se levar as pessoas a sério na sua totalidade e não se ativer aos seus aspectos parciais, se permitir que haja alegria, tranqüilidade e reflexão, mesmo nas piores circunstâncias de vida, e se vir nas dificuldades o seu próprio processo de aprendizado.

Viver a qualidade da alma significa se atrever a doar amor. Quanto mais autêntico você for na demonstração dos seus sentimentos, mais rico será o presente que receberá. Quanto menos pensar em vantagens pessoais, mais a sua alma se desenvolverá. Quanto mais servir à totalidade, maior será a totalidade que alcançará.

A alma representa o conteúdo da sua vida, aquela qualidade que você pode expressar. Portanto, seja egoísta e se coloque com tudo aquilo que tem à disposição do mundo – e você receberá tudo de volta!

Permita que tanto as qualidades anímicas quanto as espirituais aflorem plenamente. O espírito deseja ser livre, ele quer se desenvolver criativamente, pesquisar novos campos e saber lidar com eles. Se uma criatura é aprisionada, logo perde a vontade de viver e fica imóvel num canto. Naturalmente, ela passa a ter só a visão limitada que aquele lugar lhe possibilita. Mas se puder sair e aprender a usar suas aptidões aproveitando a própria natureza, talvez entre em contato com a anima, a alma, e possa agir de forma extremamente criativa e valiosa. Os inter-relacionamentos do Ser se abrirão cada vez mais para ela.

Tenha a coragem de pensar além das limitações do *logos*, que só pode se estender linearmente; o espírito, entretanto, pode se erguer nos ares, pode entrar em contato com o cosmo e se associar à luz. Os impulsos luminosos clareiam o espírito e lhe dão coragem para se abrir ainda mais. Todavia, uma estrutura limitada, orientada pelo *logos*, não suporta isso. Mas se o conhecimento é usado para adquirir poder, a luz perde sua energia positiva e se transforma em energia negativa.

O espírito livre, ao contrário, leva ao caminho da liberdade do Eu. Ele anseia pela união com a alma e, assim, pela realização dos objetivos da vida.

A expressão do espírito

Assim como podemos aperfeiçoar as qualidades da alma, também podemos fazê-lo com as do espírito.

Muitas pessoas se recusam até mesmo a pensar. Agem movidas pelas emoções (que denominam sentimentos) e acham que têm sempre razão. Mas, na verdade, elas ainda não integraram na vida nem mesmo uma parcela mínima do espírito e se movem no âmbito dos instintos animalescos. Também é verdadeiro o fato de que essas pessoas estão ameaçadas pelo perigo de reagir de forma agressiva ou depressiva aos acontecimentos.

O espírito quer ser livre e criativo, quer pesquisar novas áreas para poder lidar com elas.

Tenha a coragem de ultrapassar as limitações do *logos*! Ele só pode atuar linearmente, enquanto o espírito consegue voar, ligar-se ao cosmo, unir-se à luz. Os impulsos luminosos esclarecem o espírito e lhe infundem coragem, permitindo uma expansão ainda maior. Por meio deles o espírito pode convencer a inteligência do próprio corpo bem como influenciar positivamente a freqüência vibratória de outras pessoas ou plantas.

Mas para atuar dessa forma, o espírito não suporta estruturas do Eu orientadas para o *logos*, ou seja, limitadas. Se a sabedoria é usada para alcançar poder, a luz perde a energia positiva e se transforma em negativa. Passa a haver magia, e magia, quer branca, quer negra, é manipulação do Eu. Nesse caso, o ser humano deve saber que apenas poderá ser um aprendiz de feiticeiro.

O espírito libertado leva ao caminho do Eu livre. Ele anseia pela união com a alma e, portanto, pela realização do objetivo da vida.

Está bom do jeito que está

A situação do momento, ou seja, o estágio de desenvolvimento da personalidade como um todo, da compreensão e, conseqüentemente, da expressão da vida atual, mostra o processo de aprendizado pelo qual se está passando. O fato não é bom nem mau: trata-se da situação presente. Por isso, é importante reconhecer esse estado de ser momentâneo e tratar de aceitá-lo.

''Estou aqui e, a partir deste ponto, posso ir nesta ou naquela direção.'' Só se você reconhecer o ponto onde está em determinada ocasião poderá decidir conscientemente para onde deve prosseguir a viagem. Afinal, faz uma grande diferença se você está exatamente no topo de uma montanha, numa região lamacenta ou sob um rochedo à beira-mar. A cada momento terá de decidir em que direção deseja continuar, e sua decisão é sempre diferente. Só o mero fato de você estar agora neste lugar importa, e essa decisão foi tomada antes, pois, seja como for, você chegou até aqui.

Se o "chegar até aqui" aconteceu inconscientemente, ou seja, se você caminhou praticamente às escuras pelo mundo, é natural que se surpreenda se, de repente, estiver diante de um obstáculo e precisar abrir os olhos.

Há pessoas que em momentos como esse responsabilizam o bom Deus pela sua situação, pelo fato de terem chegado a esse ponto; queixam-se da injustiça e do destino e ficam paradas. Outras se tornam histéricas e começam a espernear. Outras, ainda, na mesma situação, tentam fugir com a ajuda de drogas, de bebidas alcoólicas, tornando a fechar os olhos porque não conseguem suportar a própria realidade. O resultado que todas conseguem é a estagnação ou um continuar andando às cegas, até encontrar o próximo obstáculo visível, ainda mais difícil de superar.

Aqui se torna perceptível uma informação em segundo plano: estímulos para o Eu abrir os olhos. Só o Eu fecha os olhos; o Si-mesmo quer ver a estrada e seguir caminho. O Si-mesmo não tem medo, pois confia no seu conhecimento interior e no fato de que a estrada é sempre correta, assim como todos os instrumentos disponíveis dos quais vai precisar para prosseguir.

Nesse caso, se abrirmos os olhos e olharmos ao redor com tranqüilidade, teremos grandes vantagens. Podemos decidir conscientemente em que direção desejamos prosseguir. O pré-requisito, entretanto, para fazer isso, é aceitar o estado atual das coisas. Se fizermos isso com calma, mesmo que o chão balance sob os nossos pés, o próximo "lugar de parada" será escolhido conscientemente e com segurança, pois nos levará na direção desejada. Todavia, se formos céticos ou buscarmos muito longe o nosso objetivo, pode acontecer de cairmos no abismo. Deus, no entanto, não é o responsável por isso. Afinal, temos livre-arbítrio.

O sentido é abrir os olhos e observar, tomar conhecimento da posição atual e reconhecê-la. Ajuda bastante conscientizar-se do que pode ser modificado no futuro, para que nossa situação futura seja mais agradável e bela. Essencialmente, a cada passo temos de tomar uma nova decisão.

Se você estiver acostumado a usar muletas – a mãe, o pai, o parceiro – para progredir no seu caminho, em algum ponto terá de constatar que a sua postura está encurvada, que o modo de andar e os músculos estão tortos. Se quiser mudar essa situação, terá de jogar as muletas fora e aprender a confiar nas próprias pernas, nas próprias aptidões. Mas também essa mudança requer uma decisão. No início, por certo terá dificuldades, pois está acostumado a se apoiar nas muletas, com o passar do tempo, porém, conseguirá ficar ereto e aprenderá a andar e a decidir por si mesmo em que direção prefere caminhar. O que se supõe é que se caminhe para a frente, nunca para trás.

Assim como deve aceitar a sua atual situação de vida, também convém aceitar as próprias características, o próprio estilo. O fato de você ser como é, e de agir à sua maneira, tem um sentido. Para resolver uma missão especial de vida é necessária uma reunião muito específica de talentos e de características. Portanto, é muito importante que aceite a própria personalidade, o seu modo de ser.

Pare de representar qualquer papel só por achar que é o que os outros esperam de você! Seja autêntico, defenda os próprios sonhos e atenda os seus desejos! Talvez seja exatamente isso que tenha de aprender nesta vida: não desempenhar nenhum papel e ser verdadeiramente "autêntico".

Muito importante é que agora também aceite as assim chamadas fraquezas pessoais. É através delas que você poderá crescer. Para se tornar mais forte, terá de vencer essas fraquezas. E para isso a condição prévia essencial é de que as veja, isto é, de que as aceite. De nada lhe adiantará fingir que elas não existem. O resultado seria exatamente elas continuarem a existir e atuarem de forma negativa na sua vida. Se, ao contrário, você as aceitar, aprenderá a lidar com elas.

Se você se aceitar como é, a crítica de fora não o atingirá.

Inclusive o modo como você lida com a crítica e com as próprias fraquezas é o *seu* modo e, se for preciso, poderá aperfeiçoá-lo. Se não houvesse fraquezas, também não existiria a possibilidade de um desenvolvimento maior. Se não houvesse trevas, ninguém desejaria a luz.

Quanto mais você se aceitar, mais o seu Eu perderá substância (densidade) e melhor será a possibilidade de o Si-mesmo se expressar. Quanto mais você se desapegar e aceitar o que tem, abrindo-se ao novo, maior será a amplidão, a liberdade e a luz que entrarão na sua vida!

X. Meditação

Você está sentado num rochedo.
A amplidão do mar se estende diante dos seus olhos.
A região atrás de você já foi percorrida.
Agora, terá de tomar uma decisão.
Poderá ficar aqui, construir uma casa e saciar o seu desejo de ver o mar.
Poderá construir um barco a fim de alcançar o país na outra margem.
Poderá pedir a um golfinho que o transporte para o outro lado.
Talvez possa chegar lá caminhando pelo raio dourado do Sol sobre as águas.
Ou poderá subir no arco-íris; do ponto mais alto, você poderá olhar para trás, para o seu passado, a fim de aprender o que terá de modificar na nova terra; e poderá escorregar arco-íris abaixo para construir essa nova terra da forma como quiser.
A escolha é sua. Decida-se!

11. Ser homem

...E Deus criou o homem à Sua semelhança. Se analisarmos com objetividade, Ele fez isso com tanta perfeição que nossa única reação só pode ser de espanto. Portanto, se fomos copiados do Princípio mais elevado, desse Ser maior que com muito respeito denominamos Deus, Atmã, Brahma, Alá, deveríamos ter consciência da infinita grandeza à qual pertencemos.

Em síntese, devemos compreender isso da seguinte maneira: um artista cria uma obra, por exemplo, uma estátua ou um quadro, com tal harmonia e beleza que os homens a contemplam de modo respeitoso e pensativo. Eles admiram a majestade, a composição perfeita. O artista tentou criar algo tão belo como o ser humano. A harmonia da sua alma e de seu espírito permitiu que suas mãos dessem expressão à harmonia perfeita. Enquanto realizam este tipo de trabalho, esses artistas não suportam nenhum tipo de desarmonia à sua volta. Isso perturbaria a harmonia interior e isto, obrigatoriamente, se refletiria nas suas mãos.

O mesmo acontece com todas as outras pessoas. Quando a harmonia interior é perturbada, essa circunstância influencia a vida exterior. Quando o homem cultiva o nobre, o belo, o elevado em si mesmo, esse belo interior se manifesta no seu exterior. A ética interior se expressa através da ética exterior. No entanto, o homem precisa ter a coragem de mostrar esse interior no exterior – tal como Deus manifestou sua percepção interior no exterior para que houvesse a Criação. Ser homem significa ser um criador.

Se o homem desprezar o seu aspecto elevado, a beleza que contém em si, ele se separa de Deus e da centelha divina intrínseca e, portanto, da sua nobreza e passa a viver preso à matéria, às trevas, em plena luta.

Ser homem significa viver a beleza interior, significa viver a paixão interior e restabelecer a harmonia. Para tanto é necessário consciência, e a consciência é divina. Para alcançar a consciência, é necessário atenção e disciplina para dar às experiências o rumo certo. O homem tem essa capacidade, pois ele é a única criatura neste mundo que dispõe de livre-arbítrio – e isso significa força criativa. Quem quer se chamar homem deve usar essa capacidade.

Esse princípio do ser humano consciente é conhecido pelo menos desde a época de Jesus Cristo, pois Ele trouxe aos homens o ensinamento da consciência e do amor. Cristo também mostrou o caminho da harmonia perfeita, ou seja, de viver a vida no mais alto nível com toda a modéstia, porém consciente da dignidade interior, do divino que existe em cada um de nós.

O homem pouco inteligente

A expressão já diz tudo. Um homem de pouca inteligência tem um espírito pequeno, porta pouca luz em si, olha para baixo, está separado do que é grande no seu interior. Sendo assim, uma pessoa pouco inteligente não pode criar coisas grandes.

Como o pequeno espírito se separou da sua grandeza, ele tem medo, sente-se só e acredita que o mundo em geral está contra ele. Contudo, bastaria que ele se lembrasse das suas raízes.

O homem pouco inteligente, contudo, acredita que se se apegar ao solo, se acumular coisas, se não der nada do que é seu e permanecer sempre no mesmo lugar, criará raízes. Nesse caso, ele deixa de ver que os milagres do espírito livre estão no universo, na liberdade, na luz. A Terra não passa do solo materno para uma estação intermediária.

Mas como o pequeno espírito é míope, ele só vê o que acontece ao seu redor, só percebe aquilo que pode pegar; chega a acreditar que a cadeira onde está sentado, a parede que o protege, o ouro que guardou no armário são "alimento" para as suas raízes. Ele acha que pode se alimentar de coisas materiais. Mas como poderia? Suas raízes necessitam de confiança, de amor, de liberdade, de alegria para que ele sinta segurança. Porém, não há nada disso no que ele conseguiu armazenar. É por isso que esse homem pouco inteligente continuará pobre. Ele será pobre de espírito.

O curador em nós

Nossa vida é algo complexo. Não existe um único caminho que leve ao objetivo. Nós, seres humanos, temos muitas possibilidades de encontrar a nossa harmonia e, conseqüentemente, a nossa saúde. O pré-requisito para uma forma de vida global é a consciência. Mas ter consciência significa amar conscientemente a nossa vida e esgotar todas as possibilidades do Ser.

A energia vital e suas vibrações é que determinam os tipos de tecido celular e o trabalho dos órgãos. Se o homem for pusilânime, isso também pode ser notado nos seus tecidos. Se o pensamento de uma pessoa é rígido e ela se atém ferrenhamente à própria opinião, seu corpo também é rígido e sua postura contraída.

Se este for o caso, ainda assim uma modificação será possível. O antigo espírito rígido pode admitir uma movimentação que se manifestará positivamente no corpo. A inteligência do corpo trabalha a seu favor e poderá estabelecer contato com ele. Este é um ato consciente, tão consciente como o fato de você poder modificar a freqüência vibratória do seu corpo e do seu espírito.

Quando você compreende que é parte de um todo maior, não há mais estagnação de energia. Você pode conversar com todas as células e com todos os órgãos do corpo e eles lhe dirão o motivo por que reagiram desta ou daquela maneira. Entretanto, o pré-requisito para conseguir isso é uma postura objetiva. Qualquer apego ao Eu desvirtuaria o quadro de informações. A melhor possibilidade de entrar em contato com a inteligência do seu corpo é através do relaxamento, é através da prática da meditação.

Convém não esquecer que a desintoxicação do espírito e a harmonização da alma são os melhores métodos de cura e também os requisitos essenciais para que se tenha saúde.

Mundo espiritual – orientadores espirituais

Estamos falando sobre a nossa alma, sobre transformação e continuação do desenvolvimento, enfim, sobre evolução. Ouvimos falar de anjos da guarda e de mestres espirituais. Mas como podemos pretender vê-los?

Pessoas que perderam entes queridos costumam sentir a presença daqueles que se foram. Ouvimos essas pessoas relatarem como receberam ajuda através de indicações que esses falecidos deram. Ao menos desde as pesquisas feitas pela sra. Kübler-Ross sabemos que há experiências pós-morte. Há pessoas que falam sobre um outro mundo, pacífico e muito leve. Por experiência pessoal, posso dizer que, enquanto freqüentava as aulas, geralmente noturnas, para me tornar uma curadora espiritual, muitas vezes, ao acordar pela manhã, percebia que estava mergulhada numa espécie de meditação e precisava de um determinado tempo até conseguir ficar bem desperta. Lembro-me de que – ao contrário do que acontece nos sonhos – esse era um período de reflexão em que eu tentava compreender um ensinamento novo.

Posteriormente, o que acontecia durante a meditação se tornava mais consciente. Eu me voltei diretamente para o mundo espiritual com o meu pedido de ajuda. Se eu não entendia bem alguma coisa, recebia uma resposta. Quando não sabia como proceder em seguida, o caminho me era mostrado. Se não estava certa sobre o método de tratamento adequado para determinado paciente, eu tinha uma visão que me esclarecia. Foi desse modo que realizei grande parte do meu trabalho como terapeuta. No momento certo, sempre acontecia o que era correto, e eu tomava consciência do fato por estar em comunicação consciente com o mundo espiritual.

Mas o que é o mundo espiritual? Acho que será mais fácil você entendê-lo se se lembrar da essência do nosso cerne. Para melhor compreensão imagine a figura de um diamante. Sua luz está no interior, sua característica só aparece através da lapidação; quanto mais clara e pura for a sua qualidade interior, quanto mais correta a lapidação, tanto maior o seu valor. O próprio diamante e a luz representam aqui a unidade entre a alma e o espírito. Eles formam a individualidade do nosso Eu superior.

Nossa freqüência vibratória do momento nos mostra a origem e o tipo do nosso Eu superior que, por sua vez, depende do seu desenvolvimento atual. A individualidade do nosso Eu superior quer se aperfeiçoar e se aprimora à medida que lapida as facetas isoladas do diamante. É isso que você faz na sua vida.

Quando falamos sobre o caminho percorrido para o desenvolvimento dos chakras, falamos sobre as oito facetas. Existem 8 x 8, ou seja, 64 facetas. Cada uma delas pode se equiparar a um processo de aprendizado que tem de ser introvertido. No espaço de uma vida é possível lapidar oito facetas ou apenas uma.

Nosso Eu superior é, portanto, esse diamante. O Eu, a nossa personalidade no momento, está ocupado lapidando uma faceta. Toda vez que aprendemos o essencial e o compreendemos podemos passar à lapidação da faceta seguinte. Na maioria das vezes, trata-se de desenvolver em cada vida uma determinada qualidade – é isso que podemos ver no nosso diamante de oito lados.

Pode acontecer de o tema da vida de uma pessoa ser a confiança – portanto, ela aprende a confiar e consegue construir um alicerce seguro. Ou talvez ela tenha de conhecer a sexualidade e aprender a amar para depois dar o passo seguinte, ou seja, viver a sexualidade como a alegria da união divina. Ou então alguém tem de aprender a dirigir a vontade, os pensamentos e suas energias para o bem da humanidade. O grau seguinte seria a solidariedade, o próximo o amor e, depois, a compreensão dos inter-relacionamentos, portanto, a educação da consciência.

O diamante, a individualidade do âmago essencial do Ser, corresponde à persona, ao pequeno Eu. No decurso da vida, ele aprende, passa por várias salas de aula, tem vários mestres. Muitas pessoas usam todo o seu potencial mais ou menos apoiadas pelo meio ambiente, outras não. Pode ocorrer que na outra encarnação um professor nasça em condições sociais precárias. Se trabalhar e conseguir vencer, pode chegar a outro nível.

No mundo espiritual acontece o mesmo. A alma faz determinadas experiências de qualidade; agora ela precisa que os impulsos espirituais elaborem essas experiências e ensinem coisas novas para que a faceta seguinte possa ser lapidada. Para isso existem professores, amigos e as outras subpersonalidades do nosso âmago essencial que se desenvolveram em outras vidas. Todas estão se esforçando para ajudar a pessoa que está encarnada agora. Esses mestres espirituais têm um grau de evolução muito elevado. Digamos que eles já receberam o seu "diploma".

Nossos amigos são as entidades angelicais ou seres espirituais muito evoluídos. Mas os espíritos da natureza também pertencem a esse plano. Eles tentam aprender sua função de apoio ou melhorá-la. Acredita-se que os anjos nunca encarnaram. Entre os seres angelicais também está o nosso anjo da guarda, que pode nos acompanhar durante algumas encarnações.

Muitos mestres espirituais, ao contrário, passaram por todas as instâncias da vida e só trabalham como ajudantes, pois assim estão colaborando para o próprio desenvolvimento. Por sua vez, eles têm mestres espirituais hierarquicamente superiores.

Nosso Eu superior, tal como as pessoas do mundo material, tem muito mais potencial do que podemos compreender atualmente. Se quisermos fazer contato com o nosso Eu superior, com o nosso anjo da guarda ou com algum mestre espiritual, teremos de estar em meditação. Só quando nos tornamos "vazios", só quando nos tornamos leves, quando transcendemos a estreiteza do ego é que teremos a possibilidade de extrair algo da fonte de luz que existe no nosso interior, da grandeza do nosso Eu superior individual, e nos conscientizamos da presença dos nossos ajudantes e mestres espirituais.

Portanto, depende de nós mesmos até que ponto entramos em contato com o nosso Eu superior ou com o nosso mundo espiritual. Eles sempre estarão presentes se os chamarmos, mas temos de abrir a porta. Isto só é possível através da harmonização espiritual e anímica, pré-requisito para a cura ou para o contato consciente com os nossos guias espirituais.

Eu aceito a minha essência divina

A essência divina é aquele âmbito nobre e luminoso em nosso íntimo. A verdadeira origem de tudo o que existe é a luz. A nobreza em nós, a luz, quer viver, e nós é que lhe damos essa liberdade. Se enclausuramos a luz, nos tornamos tristes. O mesmo acontece com os nossos sentimentos, pensamentos e ações.

A nossa verdadeira essência, portanto, é clara, luminosa, brilhante. É para nós a expressão da beleza. Deus é harmonia. Se deixarmos de expressar a nossa beleza, nos afastamos de Deus. Se agirmos contra a harmonia através dos nossos atos (pensamentos), criamos sons desarmônicos. A doença e o sofrimento nos distanciam de Deus, pois expressam carência de harmonia.

Por isso devemos constantemente nos lembrar da luz e aprender a vê-la nos outros. Não permita que uma pessoa amargurada venha ao seu encontro. Envie-lhe pensamentos amigáveis, envie-lhe luz e harmonia. Honre o divino que existe em você mesma e faça uma saudação à divindade que existe no outro.

TUHAM CUM RA: Eu saúdo o divino em ti!

Dê pequenos passos

Na época atual, todas as pessoas têm acesso aos âmbitos do conhecimento, inclusive aos conhecimentos secretos, que estudam as verdades eternas. Antes só eram admitidas nesses lugares aquelas pessoas que demonstravam saber conduzir a vida de forma estável e que provavam que estavam dispostas a ajudar os outros de modo sábio, além de terem uma certa clarividência. Dentro das lojas das sociedades secretas tinham de corresponder ininterruptamente às expectativas, de passar nas provas, e só então podiam se aproximar lentamente dos círculos de conhecimentos relativos ao Ser, que exigem das pessoas grande senso de responsabilidade.

Dessa maneira, essas pessoas recebiam apenas o conhecimento na dose correta que podiam assimilar naquele momento. Em seguida, tinham de submeter esse conhecimento à prova, ou seja, precisavam demonstrar sua utilização correta na vida prática. Só então adquiriam novos conhecimentos, baseados no que já haviam aprendido. Dessa forma, não havia possibilidade de erro, nada se tornava confuso e os aprendizes tinham sempre a sensação de segurança.

Hoje tudo é diferente. Esses locais foram abertos e pessoas voltadas para a matéria ali ingressaram. Como conseqüência, o ensinamento está descaracterizado e, interpretado de formas diferentes, é acessível a todo tipo de meios de comunicação. O verdadeiro conhecimento se perdeu. Os reais conteúdos nem podem mais ser analisados na sua íntegra devido à multiplicidade de informações. Esta época da pressa exige respostas apressadas. Os homens não querem mais se esforçar em lutar de fato pelo conhecimento.

Mas esses fatos nada têm que ver com a verdadeira compreensão dos ensinamentos secretos da vida ou com a possibilidade de obtê-los. Horas incontáveis de meditação também não levam à iluminação; no máximo, podem conduzir à inatividade ou à confusão. As drogas, na melhor das hipóteses, permitiram a percepção de âmbitos ainda não conhecidos, mas ninguém pode afirmar com certeza se esses âmbitos pertencem à luz ou às sombras.

E de que adianta o homem saber da existência de países onde há luz e alegria se ele mesmo não consegue viver ali? Nesses países ele era um observador; agora, na Terra, tem de ser um ator. Atribuir a responsabilidade aos outros nunca levou ninguém à iluminação. Mas se você quiser chegar a ela, vá, mas caminhe devagar, passo a passo, partindo de onde estiver no momento. Não é necessário tentar atingir grandes metas religiosas se estiver preso às atividades do dia-a-dia. Deus pode ser encontrado em cada flor. Tente, simplesmente, olhar o momento de outra perspectiva, talvez do ângulo de um oponente, e assim terá êxito ao dar um passo à frente.

Em vez de explicar aos outros como eles têm de se comportar, coloque-se de preferência na posição deles, pois eles também são o seu espelho. Ou então aceite o fato de que o outro está percorrendo o mesmo processo de aprendizado que você e que por isso só pode agir de uma determinada maneira, da mesma forma como você atua em outras situações da vida a partir do *seu* ponto de vista.

A sabedoria espiritual contém uma energia diferente da energia humana. Se já é difícil compreender o conhecimento elaborado pelos homens, imagine só tentar captar a sabedoria da Criação! O conhecimento racional só é adquirido com muita luta e esforço. Para adquiri-lo, você usa determinadas áreas do cérebro. Aos poucos, entende os conceitos essenciais e em seguida pode entrar no campo da matemática mais elevada ou da física.

Você deve lidar com o conhecimento espiritual da mesma maneira. Primeiro trate de compreender os conceitos essenciais como, por exemplo, de como funciona a força do pensamento ou de que a disposição positiva é um pré-requisito para o desenvolvimento espiritual. E então terá de entender que tudo isso ainda não pertence à espiritualidade, pois o positivo também contém em si o negativo. Quem compreender esse conceito pode começar a ver o mundo como um espelho. Nesse caso, ver o espelho e identificar a própria imagem significa tornar o Eu mais transparente. Só agora é que começa o verdadeiro caminho.

Quem desejar alcançar a iluminação num mero final de semana ficará muito desapontado. Quem acreditar que encontrou a pedra filosofal, durante uma sessão de meditação, só por ter percebido que sua alma anseia pela luz está vivendo uma grande ilusão. Esse tipo de crença é perigoso. É melhor continuar humilde; assim, quando alcançar a iluminação será por merecimento.

Depois de anos seguidos de estudo sério, você começa a entender lentamente todas as correlações do Ser. Mas isso requer bastante trabalho de aperfeiçoamento de si próprio. Ninguém consegue fazer isso sozinho. Todos precisamos da ajuda dos outros. O ambiente normal é o primeiro mestre. Bons livros, dos que não visam apenas causar grande efeito e que não contenham promessas irrealizáveis são o segundo mestre. Em seguida, vêm as pessoas, as portadoras da sabedoria, de quem você pode obter orientação. E depois começa o trabalho no dia-a-dia.

Partes não-vividas da vida – casos exemplificativos

A qualidade não-vivida da alma

Ele só recebeu do pai o sentimento de rejeição. A mãe, fraca, o mimava. Ele era bastante inteligente e usava toda oportunidade para chamar a atenção sobre si. O pai reagia com mais rejeição ainda; a mãe, com um reconhecimento maior e muito afetuoso. O nível de pensamento no seio da família era elevado, embora crítico.

Aos 20 anos, ele era um jovem com o rosto coberto de acne, inibido no falar, inseguro, que vivia com a mãe. Aos 30, lecionava na escola superior. Aos 27 anos teve a primeira experiência íntima com uma mulher mais velha que ele e que já tinha um filho. Esse relacionamento durou alguns anos; contudo, ele não conseguia se separar da mãe. Quando a companheira começou a lhe fazer certas exigências, ele procurou afirmação pessoal e satisfação com outras mulheres. Cada vez que um desses relacionamentos ameaçava se tornar íntimo demais, ele voltava correndo para o lado da mãe ou da velha amiga. A mãe o recebia com prazer, o mimava; a amiga, contudo, deu-lhe as costas e se casou com outro homem. Foi então que ele se tornou vítima de uma depressão profunda. De repente, passou a amar apenas essa mulher. Todas as outras histórias de amor perderam o sentido. Porém, isso não o impedia de aproveitar cada oportunidade de relacionamento que surgisse, mas agora ele tinha uma boa desculpa para não aprofundá-lo mais.

Eis o que aconteceu nesse caso: na infância, o Eu se sentiu questionado pelo pai e superprotegido pela mãe. Na juventude, ele se sentiu parcialmente obrigado a proteger a mãe contra o pai. Assim foi que obteve a informação de que o sexo feminino é frágil e que com ele se podia fazer o que quisesse. A primeira experiência com mulheres no início ainda exigiu e estimulou seu instinto de proteção. Mas cada vez que se exigia dele certo desempenho, fracassava. Ao representar o papel de professor, achava que estava intelectualmente acima dos demais, além de se considerar mais sábio; cada questionamento da persona sofria um castigo, isto é, uma retração. A única coisa real continuou sendo a mãe. Ela sempre o endeusou.

Nesse caso, a alma foi simplesmente banida para o porão, o espírito reduzido ao exagero do *logos.* O Eu se manifestava no nível de uma pessoa menor de idade. Ele queria obter a qualidade da alma através das mulheres, e não as perdoava caso elas também reclamassem dele a qualidade da alma.

Foi assim que chegou a nós. Em algum ponto, ele percebeu como sua vida era pobre. Além disso, estava sendo posto de lado pelo meio ambiente de forma progressiva. As perdas se tornaram notórias em vários âmbitos. Com sua inteligência não conseguia mais nenhuma "receita patenteada" que solucionasse a situação. Como sou mulher, se achou superior e ousou dar o primeiro passo para me procurar.

As primeiras horas de terapia não foram mais que uma luta, até ele perceber que não havia nada contra o que lutar. As crises por que todos passam durante a terapia lhe permitiram apresentar cada vez melhor o seu Eu. Ele teve de enfrentar a despreocupação e os argumentos contra os quais não tinha nada a dizer. Então foi em busca da própria anima e a encontrou mumificada numa tumba de pedra. Depois que a acordou, só conseguia vê-la de início segundo os velhos padrões, como um sedutor objeto do desejo. Precisou de um longo tempo antes de integrá-la à sua vida como uma parceira valiosa.

Um ano depois, ouvi dizer que se casou. Quando tornei a vê-lo, ele estava alegre e acolhedor. Os vizinhos me contaram que era um rapaz muito prestativo. Agora já tem filhos, e a expressão do seu rosto é suave.

Limitação do âmbito espiritual

Fui procurada, na minha clínica, por uma mulher jovem que não se sentia capaz de cumprir as tarefas diárias e estava prestes a perder o emprego. Toda manhã caminhava durante um longo tempo até finalmente resolver voltar para casa. Ela escolhera um emprego como representante exatamente por não exigir pontualidade e pelo fato de poder cumprir uma jornada de trabalho independentemente de regulamentos rígidos. Além disso, trabalhava por conta própria. Ela mesma decidia se deveria ir e quando iria para os encontros profissionais, que se tornaram cada vez mais raros. Para conseguir a coragem de que necessitava, bebia. Com o tempo ficou dependente da bebida até para cumprir tarefas domésticas.

Essa mulher reconheceu claramente a sua situação e percebeu o perigo que corria. Sua inteligência era acima da média e sua percepção para certas sutilezas também. O marido era um homem forte e confiável que passava todas as noites em frente à televisão tomando cerveja ou vinho. À sugestão dela para reduzir o consumo de álcool ele reagiu com um comentário: "Bobagem!" Sozinha, entretanto, ela também não era capaz de impedi-lo de beber.

Nesse caso, estamos lidando com a falta de poder de decisão, ou seja, a capacidade do espírito de decidir objetivamente com a imposição da vontade na orientação consciente da vida. Antigamente essa mulher era bonita e esbelta, além de inteligente. Casou-se com um homem um tanto grosseiro, embora fiel. Por medo de perdê-lo, limitou o desenvolvimento das suas aptidões espirituais. Assim deixou de ter autoconfiança. Ele pouco se importou com o fato. Nem mesmo quando a mulher engordou, chegando aos 90 quilos e parecendo um balão inchado, ele percebeu o problema dela, que se enredou cada vez mais nos próprios desajustes.

Seu pai havia traído sua mãe; ela tinha um homem bom. Perdê-lo significaria ter de depender ainda mais de si mesma. Desenvolver suas capacidades mentais significaria separar-se dele (no mínimo, era o que ela pensava). Seu medo diante de cada novo dia, diante de cada nova tarefa crescia ainda mais, pois ela perdera a confiança em si mesma. A incapacidade de modificar ao menos parte da situação a deixava apática. Ela se fez pequena voluntariamente, adaptou-se e negou a si mesma. Ela acreditava que não tinha forças para enfrentar o mundo sozinha e, assim, perdeu a chance de treinar e de conhecer melhor as próprias capacidades. Dessa forma, tirou do marido a chance de crescer através dela.

Num caso desses, é imprescindível refortalecer o Eu, escolher a aptidão mental e treiná-la decididamente a fim de trazer novas qualidades, novos aspectos à vida. Mas antes de tudo é necessário deter-se. Quando o Eu sabe e reconhece que conseguiu parar, ele passa a ter coragem para dar novos passos.

Brincando, ela aprendeu a criar aventuras fantásticas e a iluminar os bastidores do seu medo, reconhecendo a falta de importância desse sentimento. Aprendeu a se decidir e a incluir a responsabilidade dos outros nas decisões. Libertou da prisão o seu animus, e juntos, ela e o marido, começaram a reorganizar uma "cidade" inteira, onde tivessem a oportunidade de viver juntos, felizes e bem-sucedidos. Por esse meio e através da reprogramação dos seus velhos dados, surgiu uma nova compreensão: ela aprendeu a ter coragem de confiar em si mesma.

Essa paciente descobriu e passou a entender símbolos que lhe transmitiram novos conteúdos mentais e que lhe serviram de ajuda no cumprimento dos seus deveres mais difíceis. Ela aprendeu que tinha ajudantes interiores e conselheiros sábios. Passou a ver a vida da mesma perspectiva que os pássaros e percebeu onde estava se limitando. Também descobriu o que podia fazer melhor. Passo a passo, reconquistou a alegria de viver.

Naturalmente, também cuidamos do desequilíbrio metabólico do seu organismo. Ela começou por largar a bebida, apoiada por um tratamento homeopático que ajudou nesse processo. O seu fígado lhe "disse" o que achava da situação e lhe "expôs" algumas verdades. Depois de se reconciliar com o fígado, ela recebeu boas indicações de como continuar a terapia. Ela era suficientemente inteligente para aproveitar a chance. Hoje há um novo espírito na sua casa. O marido se orgulha da esposa e está contente por ela estimulá-lo no trabalho.

Solução de uma experiência traumática

Desejo aqui contar dois fatos completamente diferentes que atuaram de forma decisiva na vida dessas pessoas.

O primeiro é o caso de Helga H., que ainda criança foi molestada várias vezes pelo padrasto, mas naquela ocasião achava normais as atitudes do homem, até perceber que havia algo de errado, passando a evitá-lo.

O outro caso se refere a um piloto de automóveis a quem daremos o nome fictício de Dieter D. Durante uma corrida ele sofreu um acidente grave e, em outra ocasião, viu um colega sair com dificuldade do carro que ardia em chamas.

Helga H. se tornou uma pessoa ambivalente e retraída por causa da atitude do padrasto, que numa acareação negou naturalmente todos os fatos, até mesmo banalizando-os. Quando completou 25 anos, ela ainda não tinha decidido se um dia permitiria que algum homem a acariciasse. Constantemente se recordava de ter feito algo proibido quando criança ou ao menos de ter permitido que abusassem da sua inocência.

Dieter D. não só era um excelente piloto, mas também um ótimo homem de negócios. Certo dia ele percebeu que suava demais quando dirigia nas vias expressas. Acostumou-se a guiar pelas ruas transversais, mas com o tempo verificou que passou a ter medo da responsabilidade de tomar decisões importantes, inclusive as decisões referentes à família. Tentou adquirir coragem por meio de aventuras amorosas e bancando o fanfarrão. As rupturas profissionais e familiares se acumularam. Começamos a tratá-lo com exercícios de relaxamento e respiratórios. Tentamos fortalecer sua autoconfiança.

Helga H. dominou várias situações em que podia viver a proximidade dos outros sem que houvesse falsidade nos encontros. Mesmo não estando consciente do fato, ela se reconciliou com o padrasto e também sentiu como era importante viver um amor dedicado e compreensivo. Só depois dessas experiências voltamos à sua infância e, de acordo com a vontade dela, fizemos com que revivesse a situação. Ela aprendeu a ser compreensiva consigo mesma e com o padrasto, na verdade inibido. Também entendeu que a lembrança que carregava era muito mais dramática do que a situação real. Finalmente, passou a se interessar por determinados aspectos do futuro e a perceber que lentamente recuperava a confiança nas pessoas.

Dieter D. precisou de muito mais entendimento sobre as correlações existentes nas energias vitais. Ele tivera uma vida superficial demais. Quando foi posto diante da verdade, entrou em pânico. Só ao reconquistar o contato com seu cerne interior ousou fazer o confronto direto. Mesmo nessa ocasião, tivemos de dessensibilizá-lo, até que voltasse a ter a coragem de dirigir em trechos maiores da auto-estrada.

Mas para transformar um homem com atitudes de um *sunny-boy* despreocupado numa pessoa que reflete requer-se algo mais. Como só comparecia à terapia a cada dez dias – pois os outros estavam repletos de programações –, só fez pequenos progressos e também sofreu algumas recaídas. Ainda não se julgava suficientemente estável para agir por conta própria e se apoiava nos outros que, infelizmente, se aproveitavam da sua situação de insegurança, até que com o passar do tempo aprendeu a valorizar as verdadeiras qualidades e a compreender melhor o significado da vida. Quando muito mais tarde revimos as situações traumáticas que se foram encadeando umas às outras, ele passou a entender os inter-relacionamentos e pôde determinar conscientemente um novo rumo para a própria vida.

XI. Meditação

Acenda uma luz. Caminhe no silêncio.
Sinta o próprio corpo. Respire com ele.
Libere todas as tensões, elimine-as com a respiração.
Deixe todas as atribulações do cotidiano
sobre um bandeja, que verá com a sua visão espiritual.
A seguir, pegue essa bandeja e entregue-a, como
se fosse o Santo Graal, para o Eu divino, superior.
Ele lhe dará a solução.
Tenha confiança. E se desapegue de tudo!

Respire agora com todo o seu corpo.
Sinta a respiração nos pés, nas pernas,
no baixo-ventre, na barriga, na parte superior do corpo.
Permita que ela reanime os seus braços e as mãos.
Deixe que ela dê vida à sua coluna vertebral.
Liberte os ombros e a cabeça de todas as tensões.

Sinta como você é uma parte do todo.
O alento divino flui por você.
A energia divina flui para você.
Você está pleno do amor divino.
Sinta como é uma estrela muito brilhante.
Permita que a sua luz se irradie.
Sinta-se bem no infinito do cosmo.
Envie para ele a sua luz e o seu amor
e perceba o brilho de outras estrelas.

Sinta que você pertence ao todo.
Sua luminosidade se intensifica, assim como a sua alegria, pois você sabe que é um com tudo, que tudo é um.
Você vê o belo planeta azul, a Terra,
e lhe envia o seu amor.
Quando retornar, tudo isso estará dentro de você.

12. Você é muito mais do que imagina

A nossa tarefa consiste em evoluir. Seja qual for o ponto em que você se encontra neste exato momento, seja qual for a situação em que a sua unidade alma-espírito, o seu Eu superior, o colocou, saiba que todo passo que der para a frente servirá à continuação do seu desenvolvimento.

Devido à limitada visão material a que estamos sujeitos por sermos humanos, só podemos ver uma pequena parte do âmbito do nosso Ser; nosso caminho na vida muitas vezes nos parece inteiramente desligado de qualquer interdependência com uma evolução maior. No entanto, quando você aprender a se aceitar como parte do cosmo, também saberá que os outros campos do seu Eu superior também lhe pertencem; na verdade compreenderá que é de fato o Eu superior, que com você e através de você se desenvolve.

Conseqüentemente, também é possível ter acesso aos outros setores da vida. A limitação do Eu pode ser transcendida através da meditação. Durante esse processo, existe a possibilidade de você encontrar o próprio "sábio interior" e de lhe pedir conselho e ajuda.

Mas não fique pensando que terá de ficar meditando cada vez que se vir diante de uma questão vital a fim de ter uma visão geral da situação. Isso não dará certo. A tarefa do Eu, da persona, é descobrir sozinho uma solução, é compreender a missão da vida a partir de si mesmo. O sábio só responde a perguntas importantes. Mas esse sábio interior não responde a nenhuma questão que a pessoa implicada não possa solucionar sozinha.

Apesar dessa revelação, saiba que as bases gerais do seu Eu superior estarão à sua disposição quando você for suficientemente receptivo, quando se mostrar aberto aos acontecimentos da sua vida, às outras pessoas, às situações, ao novo, aos pensamentos alheios, ao seu próprio processo de aprendizado e, conseqüentemente, à sua própria transcendência. Saiba que você sempre tornará a receber indicações de natureza totalmente diferente. Fique atento a esses sinais que receberá como ajuda. O que pode ajudá-lo? Quem o conhece melhor e sabe mais o que lhe convém do que você mesmo?

Essa sua instância interior dispõe de grande conhecimento e, à medida que se aperfeiçoar a sua compreensão dos fatos, será possível ter acesso a essa sabedoria. Caso o seu principal interesse esteja na vida diária e nas circunstâncias dela resultantes para a família e para a profissão, as indicações podem, inclusive, ter natureza prática.

Se, contudo, o seu principal interesse for o aprimoramento de seu desenvolvimento espiritual e a sua contribuição significativa nos acontecimentos mundiais, você receberá indicações sobre os inter-relacionamentos do Ser e das leis da vida.

Por conseguinte, quanto mais você prestar atenção aos planos isolados do seu Ser e quanto mais tentar enchê-los dos conteúdos que deseja ter na vida, tanto mais fácil lhe parecerá tirar proveito desse tesouro interior. Sua alma se encantará com a beleza, com a ética, com a alegria, com a veracidade das coisas e com o amor. Seu espírito almeja permanecer nos reinos da verdade, dos assuntos elevados, do novo e da luz. Seu corpo desejará servi-lo com as aptidões que estão à sua disposição. Se você permitir tudo isso e dedicar toda a atenção à alma, ao espírito e ao corpo, terá a oportunidade de ser feliz. E o mundo ao seu redor lhe agradecerá.

O homem tridimensional

Você tem uma personalidade multidimensional. Você *não é* o seu corpo, *não é* os seus sentimentos, *não é* o seu intelecto. Você é *mais.* Nesta vida o seu corpo lhe serve como revestimento, e você aprendeu como é importante cuidar bem dele. Seus sentimentos são um pequeno aspecto da sua alma, exatamente à medida que você ousar abrir o seu interior. Se os seus sentimentos abrangerem o mundo e o cosmo e lhe permitirem criar a partir de tudo o que existe, você poderá expressar a beleza e viver toda a amplitude da sua alma. Mas se os seus sentimentos se prenderem às suas reações, você terá "aprisionado" a alma. Se o seu intelecto somente acreditar naquilo que aprendeu, o seu espírito não poderá se desenvolver.

Você é um ser humano tridimensional. Você tem a oportunidade de escolher: poderá conhecer todos os sons no teclado da vida. Tente, ouse tocar as teclas do seu mundo sentimental, aprenda a expressar suas emoções! Você vai descobrir o que significa ser feliz.

Tudo na vida está ligado ao amor; todo amor é divino. O que lhe pode acontecer? Todo pensamento que parte de você contém energia divina e, portanto, força criativa. Preste atenção nos seus pensamentos! Você pode viver sua energia anímica atrelada à vida emocional do corpo, e será acompanhado pela luta e pelo sofrimento. O processo de aprendizado no âmbito da matéria é tão rígido como essa energia. Mas você pode vivê-la na freqüência espiritual da criatividade. Se nesse caso faltar espírito, será um "pão muito suado". Você terá a visão, mas lhe faltará a disciplina e a força de realização. Se além disso houver envolvimento de energias negativas, o caos já estará programado com antecedência.

Em contrapartida, se você permitir que a alma fecunde o espírito, ou seja, permitir que o amor flua obedecendo às leis cósmicas, no final sempre será bem-sucedido.

Mas você também pode entrelaçar o espírito nas cadeias lógicas e racionais do corpo. Isso fará com que passe a vida limitado e cheio de temores. Mas você também pode permitir que seu espírito se desenvolva criativamente e desdobrar a imaginação. Se o seu espírito tiver um pouco de Terra e "uma parte de alma", poderá contar com um ótimo resultado. Mas se ele conseguir permissão para se elevar espiritualmente, você estará livre e todo o Universo o ajudará a prestar um serviço à Terra – e, conseqüentemente, a si mesmo.

Viver significa totalidade, e totalidade significa Ser. Só uma vida consciente leva à satisfação, ao amor e à felicidade, que você anseia no âmago do seu Ser. Siga o seu desejo e ouse dar o passo que atravessa o abismo do desconhecimento! Confie na orientação divina do seu Eu superior. Acredite inteiramente nele – e o mundo e a própria vida o recompensarão. Confiança e vida consciente elevam a freqüência vital. Arriscar-se e confiar são uma mesma coisa; você e eu somos um; dar amor significa receber amor, e são a mesma coisa. Não há nada a temer!

Dê os passos necessários para ter uma vida plena. É fácil, embora não pareça. Goethe permitiu que Fausto ouvisse a tabuada de multiplicação das bruxas que o próprio diabo parecia não compreender. Ei-la:

Você tem de compreender!
De um faça dez,
E abandone o dois,
E faça logo o três,
E será rico.
Perca o quatro!
Do cinco e do seis –
É o que diz a bruxa –
Faça o sete e o oito,
E a obra está completa;
E nove é um;
E dez é nenhum.

A tabuada de multiplicação das bruxas

A primeira afirmação é: "Você tem de compreender!" Para o homem isso significa que precisa ser consciente.

Em seguida o homem deve transformar uma estrutura simples em outra múltipla, que contenha o começo e o fim. O zero representa a mudança, portanto, o nada, que dá acesso ao novo.

O dois simboliza a dualidade.

O três é a unidade tríplice. Devemos unir o corpo, o espírito e a alma.

O quatro representa a matéria.

O cinco é o homem na sua estrutura simples, e o seis simboliza os seus instintos.

O sete se compõe do três e do quatro, e significa que é preciso estabilizar o Eu e fertilizar a energia espiritual e anímica.

O oito é o rio das energias, o princípio autofecundante.

O nove, desde a Antigüidade, é o número de Deus, portanto, o começo.

O dez significa um novo começo.

Assim o ser humano tridimensional vive conscientemente.

Conclusão

Você deve ter compreendido que a sua felicidade ou infelicidade, a sua saúde ou a sua doença, o seu sucesso ou uma vida na pobreza dependem de você. Se cessar de lutar e viver com a vida, terá uma chance de se libertar. Lutar sempre significa estar contra algo e, portanto, permanecer na dualidade e se colocar à parte da unidade. Pare de lutar!

A alegria e o amor não existem para ser conquistados, porém são sentimentos que só podem ser ativados por você mesmo. A alegria e o amor o elevam à freqüência vibratória que torna possível o verdadeiro sucesso na vida. Se pecar contra um desses princípios, estará pecando contra a própria felicidade.

Pode ser que seu pai ou sua mãe lhe tenham ministrado outros sentimentos. Talvez você tenha ouvido dizer que só a pessoa esforçada tem razão. Se permitiu que a sua alma se tornasse pobre dando ouvidos a esse ditado, é mais do que tempo de formar uma opinião própria!

Você pode viver todos os aspectos da sua vida no mais alto nível. Não espere que os outros lhe preparem o caminho. Procure o seu. Só assim chegará à meta. Deixe para trás as limitações do Eu – o medo, os preconceitos – e confie em si mesmo, no seu sábio interior.

Viva a expressão tríplice do corpo, composta de materialidade, instintos e intelecto no mais elevado nível de consciência possível neste momento! Permita que sua alma demonstre sua faculdade intuitiva, a sensação de se ligar com a alma universal do amor. E viva a sua intuição no plano mais elevado que criará a partir das profundezas do seu Ser. Permita que o seu intelecto seja fecundado pelo espírito do seu Eu superior. Deixe que a criatividade enriqueça a sua vida e você entrará em contato com o Espírito do Todo.

Só assim você estará nas pegadas do seu Eu superior, pois expressará a sua personalidade multidimensional.

XII. Meditação

No final deste livro, deve ficar a alegria.
A alegria pelo fato de você saber, enfim, que é capaz de tudo,
se você de fato quiser algo no mais profundo âmago da sua alma.
Também a alegria pelo fato de saber
que o seu amor é um amor divino, portanto, puro.

Você pode iluminar a sombra do ego
e espelhar um sorriso nos lábios.
Essa sombra pertence ao passado.
Ela o ensina a ser uma pessoa melhor.

A alegria participa de cada célula do seu corpo.
Ela está em toda sensação da sua alma
e clareia a luz do seu espírito.

A alegria e o amor são a expressão da sua unidade espírito-alma;
alegria e amor são o seu verdadeiro Ser.
Transcenda as amarras do seu ego!
Una-se à sabedoria da sua essência divina.
E descubra que você é livre!

O desenvolvimento do homem à luz da Teoria dos Chakras

	Primeiro chakra	Segundo chakra
Sede:	intestino	baixo-ventre
Idade:	0 – 7 anos	8 – 14 anos
Sentido:	olfato	paladar
Número:	4	6
Órgão de trabalho:	ânus	genitais
Animal:	elefante	crocodilo
Símbolo:	□	◡
Cor:	vermelho	laranja
Princípio:	sobrevivência	geração, família, fantasia
Planetas:	Terra, Saturno, Marte, Sol	Mercúrio, Lua
Região:	pântanos, florestas virgens	planície
Verbo:	eu tenho	eu sinto
Elemento:	terra	água
Energia:	matéria	sexual
Glândula:	generativa	supra-renal
Instrumento:	tambor	piano
Aspecto:	segurança, nutrição, proteção	dar e receber
Profissão:	operário, construtor, agrônomo	negociante, empregado
Aspectos curativos:	confiança primordial, coragem, segurança interior, boa capacidade de resistência, autoconfiança, poder de resistência, firmeza enérgica	auto-segurança, boa parceria, boa digestão, metabolismo, receptividade aos outros, grande imaginação, coragem, boa capacidade de adaptação, ousadia para empreender o novo com os outros

Perturbações:	medo, falta de integração do Eu e de praticidade, volubilidade, egocentrismo, falta de estabilidade, medo da pobreza, instintos animalescos, hemorróidas, anorexia nervosa, artrite deformante, impulsos paranóicos, exercícios do poder através da força, bloqueio da criatividade, amargura por ter de trabalhar	impotência, frigidez, ninfomania, donjuanismo, contração da região genital, da bexiga e dos rins, problemas conjugais, obesidade, mania de emagrecimento durante a puberdade, sexualidade com vistas ao reconhecimento, incapacidade de doação, medo dos relacionamentos
Expressão de vida:	adquirir segurança, trabalhar com as mãos, sentir-se importante, comer e beber, família grande, sentimentos instintivos orientados para a matéria, pensar na própria vantagem, enraizado na vida do dia-a-dia	manipulação, abuso dos relacionamentos, o companheiro serve para afirmar o ego, superficialidade, mestre do humor, gozar a vida, otimismo, nem vergonha nem culpa, máscaras, vazio
Sexualidade:	satisfação dos desejos, parceiro visto como objeto, sexo possessivo, sadomasoquismo, mulher-criança e homem machão, demonstração de poder integrado à força, confirmação do ego	o sexo é um jogo, mudança freqüente de parceiros sempre que representar vantagens, *playgirl/playboy*, jogo narcisista e erótico

Ativação da respiração:	pausa depois de expirar – atua acalmando o sistema nervoso central, elimina a tensão da coluna	pausa depois de expirar, respiração abdominal – regulam e harmonizam a manutenção dos fluidos corporais, âmbito uretral, artrite, distúrbios do sangue, sexualidade
Forma liberada:	atividade na vida, ver o trabalho com alegria considerando-o um desafio; com freqüência obtenção de sucesso material	pessoa capaz de doação, tolerante, orientada para o objetivo, criativa, pessoa que resolve criativa e originalmente as tarefas com os outros, há ligação entre a emoção e o prazer
Aprendizado de vida:	desapego, estabelecimento de bases materiais, superação da falta de alegria	doação, receptividade, excretar o que não puder ser digerido, dar, integrar o aprendido na vida
Âmbitos:	propriedades, plano físico, floresta virgem, escuridão	jogo, plano astral, dualidade, planície

	Terceiro chakra	Quarto chakra
Sede:	plexo solar	coração
Idade:	14 – 21 anos	21 – 28 anos
Sentido:	visão	tato
Número:	10	12
Órgão ativo:	pés, pernas, estômago	mãos
Animal:	carneiro	veado
Símbolo:	△	○
Cor:	amarelo	verde
Princípio:	poder	amor
Planetas:	Marte, Sol	Vênus, Lua
Região:	colinas e vales férteis, caminhos retos, geométricos	montanhas acidentadas
Verbo:	eu posso	eu amo
Elemento:	fogo	ar
Energia:	vontade	dedicação
Glândula:	pâncreas	timo
Instrumento:	violino	instrumento de sopro
Aspecto:	luta, competição	estabilidade, equilíbrio
Profissão:	político, comerciante, banqueiro	médicos, artistas
Aspectos curativos:	autodeterminação, senso de valor próprio, controle das emoções, aprimoramento dos desejos, xamanismo, responsabilidade social, comunicação	amorosidade como força criadora, solidariedade, capacidade de amar, meditação, libertação do Eu, doação altruísta, trabalho com a luz

Perturbações:	úlceras de estômago, diabetes, hipoglicemia, câncer, agressões, distúrbios do fígado/vesícula, fraqueza, agressividade e cobiça, luta, demonstração de poder, atribuição da culpa aos outros, submissão dos mais fracos, dualidade, distanciamento da própria agressividade, comunicação com as forças primitivas das trevas, magia, complexos, males do estômago, intestino, baço, rins	comportamento distanciado, intelectual "cool", recusa devido à racionalização, repressão dos sentimentos por meio do fumo, das drogas, do álcool, *angina pectoris*, asma, hipertensão arterial, doenças cardíacas, pulmonares, circulatórias, melancolia, endurecimento do coração
Expressão de vida:	auto-realização, formação da personalidade, sucesso, reconhecimento social, cunho intelectual, realismo, responsabilidade, objetivos, inescrupulosidade para atingir a meta, vitória, derrota, inteligência pragmática	unidade social, consciência de grupo, integração na unidade social maior, melancolia
Sexualidade:	o companheiro serve ao ego, o sexo como instrumento de poder, pornografia, sexo grupal, casamento por interesse	sempre na busca de um parceiro ideal, troca freqüente de companheiros mais ou menos de três em três meses; o amor destrona o ego; fazer o amor, não a guerra; liberdade de expressão sexual; viciado no amor

Ativação da respiração:	respiração presa, pelo nariz – harmoniza o estômago, a agressividade, o câncer, todos os tumores, libera o aborrecimento	respiração controlada, concentração na batida cardíaca – permite o controle principalmente na circulação sangüínea e no coração
Forma liberada:	liberação da materialidade – imaterialidade, comunicação com níveis mais sutis, consideração pelos outros, luta positiva mostrando francamente a agressividade, contemplação da sombra, percepção intuitiva, sensação de perigo, descoberta do anjo da guarda	qualidade leonina positiva, habilidade para lidar com a sociedade, talento organizacional, diplomacia, boa capacidade de adequação sem perder a individualidade
Aprendizado de vida:	decisão entre o céu e a terra, do Eu para o Tu, da materialidade para a imaterialidade, fortalecimento do âmbito espiritual	consciência de grupo, franqueza, amor, encontro com o outro, servir, superar o distanciamento, o ódio, a inquietação
Âmbitos:	poder, energia, direito e ordem, colinas e vales férteis, luta	coração, equilíbrio, doação, montanhas acidentadas, íngremes

	Quinto chakra	Sexto chakra
Sede:	pescoço	terceiro olho, entre as sobrancelhas
Idade:	28 – 35 anos	35 – 42 anos
Sentido:	audição	visão
Número:	16	2
Órgão ativo:	boca	olhos
Animal:	leão	coruja
Símbolo:		
Cor:	azul-claro	índigo
Princípio:	comunicação	consciência, inteligência do coração
Planeta:	Júpiter	Saturno, Júpiter
Região:	rochedos íngremes	alturas suaves, cristais de gelo
Verbo:	eu falo	eu vejo
Elemento:	éter	luz
Energia:	som	intuição, imaginação
Glândula:	tireóide	pineal, hipófise
Instrumento:	voz	harpa
Aspecto:	conhecimento, nível humano	severidade
Profissão:	guia espiritual, curador espiritual, gênios	avatar, adepto
Aspectos curativos:	comunicação liberadora, eliminação de velhas feridas através de símbolos e de terapia profunda, expressão franca de vida, profundidade de sentimentos	símbolos, percepção intuitiva, ver o intrínseco às coisas

Perturbações:	ombros, braços, pescoço, mãos, mandíbula inferior, nuca, bronquite, resfriado, perturbações cerebrais, distúrbios glandulares, tensão nos ombros/braços, estados maniformes, depressivos, narcisismo	cegueira física e espiritual, enxaquecas, pesadelos, pressão ocular, trigêmio, visão enevoada, falta de visão global das coisas, tensões, preocupações, medo, perturbação das glândulas endócrinas, fracasso moral, niilismo
Expressão de vida:	fala clara, diálogos, reflexão, os pensamentos combinam com os sentimentos, trilhar conscientemente o caminho espiritual, congruência espiritual, fiel a si mesmo, transformação, coragem para observar	imaginação ativa para atingir o objetivo, mudança positiva, esoterismo, tempo/eternidade, elevação do princípio masculino e feminino para saber, reconhecer, compreender e agir; força de resolução; meditação amorosa, inteligente, intuitiva
Sexualidade:	o Eu serve ao Tu, vida conjugal monogâmica, erotismo variável repleto de fantasia, sexualidade amorosa	eliminação de opostos; um Eu superior se vê unido ao outro; androginia, religião e sexualidade se tornam uma única coisa; alguns jogos são divinos; êxtase
Ativação da respiração:	pausa depois da inspiração – permite a expansão da voz, ativa a laringe, evita a rouquidão	pausa depois de inspirar, respiração profunda durante a concentração – superação do medo, eliminação do *stress*, ativação da concentração

Forma liberada:	reflexão e batalha com o caminho percorrido até o momento; ler e elaborar literatura espiritual, reconhecimento da conseqüência espiritual; consegue tomar decisões e mantê-las apesar de circunstâncias difíceis da vida	união da anima e do animus, elevação da dualidade, conhecimento e poder do pensamento positivo e da imaginação curativa, amadurecimento ético, mediunidade
Aprendizado de vida:	síntese de idéias e símbolos, assimilação, caminho rumo ao interior, elaboração do caminho para dentro e para fora, transmissão oral de experiências, comunicação, eliminação da pressa	intuição, clarividência, superação do niilismo, o universo como um holograma; visualizar, trabalhar com a luz e o amor, confiar nas energias curativas; imaginação e concentração; lidar responsavelmente com as energias
Âmbitos:	purificação, humanismo, conhecimento, não há caminhos determinados ao longo dos precipícios	luz, severidade, mediunidade, iluminação, brisas suaves e alturas, céu azul-anil, luz irradiante, arco-íris nos cristais de neve

	Sétimo chakra
Sede:	coroa da cabeça
Idade:	42 – 49 anos
Sentido:	compreensão
Número:	1.000
Órgão ativo:	sistema nervoso central, córtex
Animal:	pombo
Símbolo:	✡
Cor:	branco, dourado
Princípio:	transcendência
Planeta:	Urano
Região:	em todo lugar e em lugar nenhum, nada
Verbo:	eu sei
Elemento:	espírito
Energia:	pensamentos
Glândula:	hipófise
Instrumento:	realidade, verdade
Aspecto:	compreender, confiar
Profissão:	ajudante e curador ocultista
Aspectos curativos:	libertação do Eu, eliminação da dualidade, o ser humano consciente que sabe e repousa em si mesmo

Perturbações:	inatividade, hipercriatividade, excesso de imaginação, convencimento, destruição do cérebro com a velhice
Expressão de vida:	vontade, ação e conhecimento são uma coisa só; agir a partir de si mesmo, viver o momento presente completamente relaxado; eu sou o caminho e a luz
Sexualidade:	fusão com o Eu divino, casamento místico
Ativação da respiração:	meditação consciente, concentrar-se no silêncio
Forma liberada:	fusão do Eu superior com o inferior
Aprendizado de vida:	eu sou; união do Eu superior e do inferior; transcendentalização do Eu para o Eu superior
Âmbitos:	misericórdia, realidade, consciência, nada

TEORIA DOS CHAKRAS

Hiroshi Motoyama

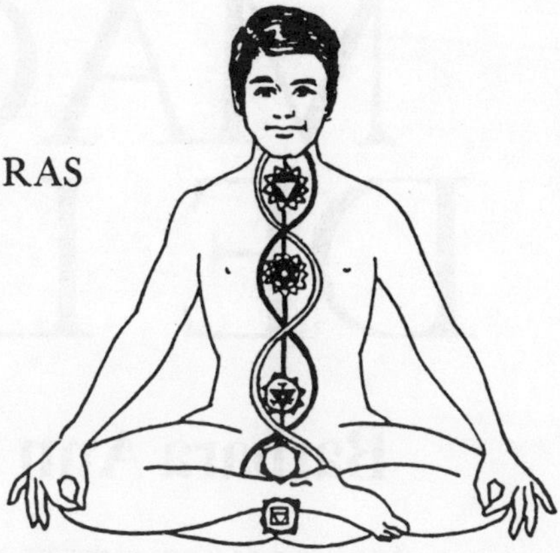

O interesse dos ocidentais pelos chakras foi despertado, em grande parte, pelos trabalhos de Charles W. Leadbeater, cuja obra é analisada pormenorizadamente neste livro, junto com a de outros videntes e iogues de grande relevância.

Centros de energia que formam um elo entre o corpo físico e o corpo astral, os chakras são indispensáveis para a boa saúde física, emocional e mental das pessoas. Por meio de exercícios intensivos de ioga, explicados neste livro, o Dr. Hiroshi Motoyama conseguiu tomar plena consciência de seus chakras, cuja atividade hoje pode ser medida cientificamente graças a um aparelho de sua invenção, capaz de registrar as modificações no campo eletromagnético do corpo humano.

Formado pela Universidade de Tóquio, o Dr. Hiroshi Motoyama é Ph. D. em Filosofia e Psicologia Clínica. Seus esforços no campo da ciência resultaram na organização do Instituto de Psicologia Religiosa e na Associação Internacional de Religião e Parapsicologia, organização internacional cujos membros realizam pesquisas e estudos relacionados com essas áreas. Em reconhecimento pelos seus trabalhos, a UNESCO elegeu-o, em 1974, um dos dez parapsicólogos mais importantes do mundo. Ele também é reverenciado por diversas organizações científicas e serve como consultor em algumas associações e institutos de renome internacional.

EDITORA PENSAMENTO

MÃOS DE LUZ

Barbara Ann Brennan

Este livro é de leitura obrigatória para todos os que pretendem dedicar-se à cura ou que trabalham na área da saúde. É uma inspiração para todos os que desejam compreender a verdadeira essência da natureza humana.
ELISABETH KUBLER-ROSS

Com a clareza de estilo de uma doutora em medicina e a compaixão de uma pessoa que se dedica à cura, com quinze anos de prática profissional observando 5000 clientes e estudantes, Barbara Ann Brennan apresenta este estudo profundo sobre o campo energético do homem.

Este livro se dirige aos que estão procurando a autocompreensão dos seus processos físicos e emocionais, que extrapolam a estrutura da medicina clássica. Concentra-se na arte de curar por meios físicos e metafísicos.

Segundo a autora, nosso corpo físico existe dentro de um "corpo" mais amplo, um campo de energia humana ou aura, através do qual criamos nossa experiência da realidade, inclusive a saúde e a doença. É através desse campo que temos o poder de curar a nós mesmos.

Esse corpo energético — pelo qual a ciência só ultimamente vem se interessando, mas que há muito é do conhecimento de curadores e místicos — é o ponto inicial de qualquer doença. Nele ocorrem as nossas mais fortes e profundas interações, nas quais podemos localizar o início e o fim de nossos distúrbios psicológicos e emocionais.

O trabalho de Barbara Ann Brennan é único porque liga a psicodinâmica ao campo da energia humana e descreve as variações do campo de energia na medida em que ele se relaciona com as funções da personalidade.

Este livro, recomendado a todos aqueles que se emocionam com o fenômeno da vida nos níveis físicos e metafísicos, oferece um material riquíssimo que pode ser explorado com vistas ao desenvolvimento da personalidade como um todo.

Mãos de Luz é uma inspiração para todos os que desejam compreender a verdadeira essência da natureza humana. Lendo-o, você estará ingressando num domínio fascinante, repleto de maravilhas.

EDITORA PENSAMENTO

OS CHAKRAS
e os
Campos de Energia Humanos

Dra. Shafica Karagulla e *Dora van Gelder Kunz*

Este livro fascinante assinala uma grande conquista na área da medicina e baseia-se na pesquisa de uma médica que, obedecendo à metodologia científica, trabalhou com uma clarividente para a obtenção de seus diagnósticos. Cada uma de suas conclusões tem como fundamento uma prova experimental tirada do perfil de pacientes nos quais o processo da doença se manifestou por meio de anomalias no campo energético humano e em seus correspondentes centros de força, os chakras.

Antes de começar a colaborar com a dra. Shafica Karagulla, a clarividente Dora van Gelder já havia examinado pacientes a pedido de seus médicos. Ela vê o corpo humano expressando-se através de um tríplice mecanismo: um campo etérico, ou de energia vital; um campo astral, ou de energia emocional; e um campo mental. Ela recebe uma constante interação entre esses campos de energia e os campos de energia do universo.

A chave para a compreensão da saúde e da doença repousa na natureza dinâmica da interação entre ambas, uma vez que a vida sempre se caracteriza por crescimento e transformação. Essa transformação pode nos levar ao negativismo, afetando nossa saúde e provocando doenças; mas podemos alterar esse padrão, substituindo-o pela auto-integração, pela saúde e pelo auto-aperfeiçoamento.

* * *

Dora van Gelder Kunz nasceu com excepcionais faculdades de clarividência que foram treinadas durante sua colaboração com outro clarividente célebre, C. W. Leadbeater, autor de *Os Chakras*. Essa sua capacidade de perceber o mundo oculto resultou em dois livros — *O Natal dos Anjos* e *O Mundo Real das Fadas*, este último publicado pela Editora Pensamento. A co-autora, Shafica Karagulla, médica e neuropsiquiatra, colaborou com Dora Kunz em várias de suas pesquisas.

EDITORA PENSAMENTO

Outras obras de interesse:

CHAKRAS – Mandalas de Vitalidade e Poder
Shalila Sharamon e *Bodo J. Baginski*

OS CHAKRAS e os Campos de Energia Humanos
Shafica Karagulla, M.D. e *Dora van Gelder Kunz*

CHAKRAS, RAIOS E RADIÔNICA
David V. Tansley

OS CHAKRAS
C. W. Leadbeater

TEORIA DOS CHAKRAS
Hiroshi Motoyama

A CIÊNCIA DA CURA PSÍQUICA
Yogue Ramacháraca

A CURA PELAS MÃOS
Richard Gordon

O DOM DE CURAR
A. A. Worrall

INICIAÇÃO À ARTE DE CURAR PELO MAGNETISMO HUMANO
Paul-Clément Jagot

MÃOS QUE CURAM
J. Bernard Hutton

SUAS MÃOS PODEM CURAR
Ric A. Weinman

PALAVRAS QUE CURAM
Douglas Bloch

COMO MEDITAR
Kathleen McDonald

CONCENTRAÇÃO E MEDITAÇÃO
Swami Sivananda

MEDITAÇÃO – Uma Maneira de Viver
Vimala Thakar

MEDITAÇÃO
Mouni Sadhu

MEDITAÇÃO NA AÇÃO
Chögyam Trungpa

MEDITA
Swami Muktananda